爱与坚守

AI YU JIANSHOU

姚莲彩 —— 著

知识产权出版社

图书在版编目（CIP）数据

爱与坚守/姚莲彩著．—北京：知识产权出版社，2020.8
ISBN 978-7-5130-7119-2

Ⅰ.①爱… Ⅱ.①姚… Ⅲ.①小学—校长—学校管理 Ⅳ.①G627.1

中国版本图书馆 CIP 数据核字（2020）第 155409 号

内容提要

当一名校长容易，当一名好校长难，当一名能把薄弱学校办成优质学校的校长更难。本书作者扎根教育一线工作 33 年，在担任学校校长 27 年间，守初心担使命，以满腔的教育挚爱之心，以浓浓的教育智慧之行，通过实施"五大"举措，让一所偏远薄弱学校生存了下来；通过建设"三大"工程，让学校全面发展，声名鹊起；通过创建"三大"特色品牌，让学校迅速腾飞，跻身全市先进教育前列。

在思考中实践，在实践中提升，在成长中沉淀。作者将自己的治校方略、管理经验、课题研究、教育思考汇编成册，期望给奋战在教育战线的同行们提供可资借鉴的案例，给扎根在教学一线的老师们提供切实可行的帮助。

责任编辑：田　姝　郑涵语　　　　　责任印制：孙婷婷

爱与坚守

AI YU JIANSHOU

姚莲彩　著

出版发行：	知识产权出版社有限责任公司	网　　址：	http://www.ipph.cn
电　　话：	010-82004826		http://www.laichushu.com
社　　址：	北京市海淀区气象路 50 号院	邮　　编：	100081
责编电话：	010-82000860 转 8569	责编邮箱：	laichushu@cnipr.com
发行电话：	010-82000860 转 8101	发行传真：	010-82000893
印　　刷：	北京中献拓方科技发展有限公司	经　　销：	各大网上书店、新华书店及相关专业书店
开　　本：	880mm×1230mm 1/32	印　　张：	6.25
版　　次：	2020 年 8 月第 1 版	印　　次：	2020 年 8 月第 1 次印刷
字　　数：	150 千字	定　　价：	25.00 元

ISBN 978-7-5130-7119-2

出版权专有　侵权必究
如有印装质量问题，本社负责调换。

爱无止境　　精神永远

根植于河洛文化沃土的洛阳市涧西区英语学校，在二十余年的时间里已经成长为"颜值高"、底蕴深、口碑好、实力强的名校。之所以如此，一是近年来招生规模越来越大；二是学校快速发展的历程吸引了社会多方面的关注，河南省内外许多教育局、教育集团、教研机构和学校等络绎不绝来校参观学习。《爱与坚守》这部书稿记录了校长姚莲彩二十余年奋斗经历与思考，翔实记录了她对教育理想的思考与追求和积极推动学校发展的实践管理策略，从中可以清晰地看到涧西区英语学校的成长历程，也为更多的学校提供可资借鉴的经验。

从27岁担任校长的那天起，姚校长怀揣着让教育的"北大荒"腾飞的美丽梦想，开始了漫长的创业之路。二十余年来，姚校长带领老师们坚守教育理想，遇逆境而不折，一路披荆斩棘风雨无惧，创建出如今的一流名校；二十余年来，姚校长和老师们聚焦学校的英鹰文化建设，聚焦师生和谐幸福的生命成长，重塑了新时代师生昂扬向上的精神容颜；二十余年来，姚校长和老师们坚持追寻教育理想，迈出铿锵有力的奋进步伐，践行着现代中国基础教育改革与创新的路径和方向……姚校长以教育大爱、实际行动和拼搏进取精神，把创新意识融入学校发展的血脉之中，始终走在创新发展的前列，让我们看到了教育的理想和理想的教育的美好境界。

从涧西区英语学校的发展历程中，我们可以看到，一所优秀的学校，首先是校长正确的教育理念和对教育理念深沉而执着的热爱与坚守。从教以来，姚校长一直深怀对教育的满腔热情，躬耕践行着"为每一个孩子提供合适的教育，让每一个英鹰都能快乐飞翔"的教育理念，而这一理念的本质就是以人为本的思想。学校也一直在积极践行这样一个正确且有积极推动作用的教育理念，将它融化渗透在学校的长远规划、文化建设、队伍打造和学生的全面培养中，贯彻落实在学校科学、严谨、规范的管理模式和体制中，洋溢在活力校园、成长课程、主题长廊、特色活动等各项工作中。正是由于英语学校积极践行正确的教育理念，学校才走上了特色化、现代化的高速发展道路。

从英语学校的发展历程中，我们可以看到，一所优秀的学校，是在抉择、实践、变革、坚守中才实现了质的飞跃。20世纪90年代市场经济大潮来临时，学校竞相改制，英语学校起步何其艰难！姚校长更早地感受到处在转型期的中国教育改革与发展只能直面社会的挑战，感受到家长对于学校发展的意愿和需求，所以也就更多更早地实践了在抉择、实践、变革、坚守中发展和壮大自己的办学模式，并以自己的工作实绩验证了这一办学模式的可行性，为更多学校创新办学模式做出了榜样。在学校发展的不同阶段，有不同的问题和困难，但办学理念需要的是更多的坚守。令人感动的是，在90年代创业起步时，姚校长就敏锐地意识到教育发展的时速与方向，她带头拿出全部积蓄，开全市之先河进行计算机教学，同时实施"五制"，激发活力，促进改革发展；在学校面临生存危急关头，她大胆提出"以校养校"的思路，带领老师们顶风冒雪，足迹遍布九县六区，艰难招生，稳中发展，赢得良好口碑，实现了学校跨越式发展；最后，她成功创建洛阳市首批英语特色学校、双语实验学校。多年来，创新意识已经融入她的血脉。2008年，姚校长在沉淀学校精神文化的基础上，励精图治，重新整合、提炼、定义了学校的文化特色——"英鹰文化"，提出树立"志存高远，奋发有为"的办学口号，确立"自信自立，致新致远"的校训，明确"国际文化视野、自信自强精神、勤学敏行能力、向善向美品格"的培养目标。"英鹰文化"象征着英语学校艰苦卓绝的历史、破茧重生的今天和充满希望的明天，"英鹰文化"已经成为享誉中原的文化品牌，凝聚了学校的个性风格、文化品位和人才特质。

从英语学校的发展历程中，我们还可以看到，素质精良的师资队伍是学校发展的命脉所在。学校通过精神激励、外出学习、项目研修、校本教研、课程研发、"青蓝工程"、选拔深造等方式，逐步造就了一支素质精良的师资队伍，培养了一批名师骨干，保证了高质量的教学。学校不仅在义务教育所规定的课程教学上始终保持着市区领先的地位，在国家、省、市优质课比赛中获奖数也名列前茅；而且充分借鉴、吸收了先进的教育教学理念，形成了既具有自身传统优势，又具有鲜明特色的"情智课堂"教学模式和"英鹰成长课程体系"。教师乐教善研，凝心聚力探索奉献，学校始终站在全市教育发展的前列，朝着现代化、国际化的目标迈进。

姚校长的教育追求和学校的成长经历告诉我们，只有热爱，才能坚守使命，铸就理想信念；只有拼搏，才能向光而生，锻造过硬本领；只有力行，才能不负韶华，锤炼实干精神；只有创新，才能与时俱进，焕发人生和事业的绚丽光彩，为中国教育创造光明的未来。

"我愿和我的老师们、孩子们一起，坚守成长，坚守爱，坚守责任，更坚守给我无限幸福的教育人生。"姚莲彩校长如是说。爱无止境，精神永远。这是最为纯粹高尚的心灵，也是最为深沉绚丽的心灵，能够永远葆有这样的心灵，是一生之福，是教育之福。愿我们都能从本书记录的学校发展历程中，读出自己独有的认识和思考。

是为序。

洛阳市涧西区教体局教研室主任
彭桂梅
2020 年 6 月

目　录

第一篇　治校方略 …………………………………………… 2

我坚守只因为我爱 ………………………………………… 3
五部曲让教师在学习培训中破茧成蝶 …………………… 25
提升学校文化品位，实现英鹰自由飞翔 ………………… 41

第二篇　管理经验 …………………………………………… 51

英语特色，助力英鹰展翅飞翔 …………………………… 53
聚焦发展科技特色，努力提升科学素养 ………………… 64
破解校园足球三大难题的"英语学校429模式" ………… 80
"四轮联动"让孩子们在享受评价中幸福成长 ………… 88
家校携手共同编织教育梦 ………………………………… 102
信息技术点燃学校腾飞新引擎 …………………………… 117
精雕细琢，"4+6"范式批量打造优课 …………………… 124
追赶太阳，不负芳华 ……………………………………… 139
陌上花已开，寻芳正当时 ………………………………… 148

第三篇　课题研究 …………………………………………… 152

"科学课中自主探究课的课堂教学模式研究"

结题报告 …………………………………… 153
"教师信息技术能力的有效转化策略研究"
结题报告 …………………………………… 168

第四篇　教育思考 …………………………… 192

如何让科学实验教学落地、生根、开花、结果 … 193
创建"五真"课堂，提高探究式学习质量 ……… 199
鸟随鸾凤飞腾远，人伴贤良步步高
　　——省骨干培养对象北京培训学习总结 ……… 206
走进杜威
　　——对新教育倡导的过一种幸福而完整的教育
　　生活的理解 …………………………………… 212
学校管理的"吉祥三宝" ……………………………… 215
聆听窗外声音，中英互动交流
　　——和英国师生代表团交流感悟 …………… 219
孩子的"今天"最重要 ……………………………… 222

第一篇

治校方略

我坚守只因为我爱

6年教书经历和27载学校管理，使我在奋进中收获着成长的幸福，在坚守中诠释着对教育的挚爱。

我们学校，坐落于中国历史文化名城——洛阳。这里是华夏文明的发源地之一，是隋唐大运河的重要枢纽，更是闻名天下的"千年帝都，牡丹花城"。洛阳市涧西区英语学校，创建于1973年，至今已有47年的办学历史。而我也在这所学校校长岗位上，度过了整整27个春秋。在古都几千年厚重文化的滋养和学校四十余载英鹰精神的孕育下，今天的英语学校，正沿着特色化、国际化的道路飞速前进着。回顾学校从无到有、从小到大、从大到强的发展历程，能够带领一所学校从逆境中突围，走出一片自己的天地，这一切，都源于我内心深处对于教育的坚守与热爱。

无奈选择　源于担当

从小我的理想是当一名医生，觉得穿着白大褂治病救人是一件特别神圣的事情。所以在高中毕业报考大学志愿的时候，我填报的志愿都是医学院，只有最后一栏写了洛阳师范学院。可谁知当时的政策是报农业、林业、师范专业的优先录取，结果阴差阳错，接到了洛阳师范学院化学系的录取通知书。虽然与我心仪的白衣天使失之交臂，但是已经别无选择，只能既来之则安之，好好学习。我自知自己不是一个聪明的孩子，跟大部分学生相比，底子薄，没有什么优势。所以在洛阳师范学院的几年里，我一直拼命学习。那时候每学期考完试后都要发奖学金，总分第一奖励300元，单科第一奖励100元，而我每年都能拿到1200元的奖学金。可以说当时的成绩是相当优秀的，可谁知道为了这个优秀，我付出了多少。别人晚上聚餐、周末看电影，我从来不去，一头钻在教室里闷着头学习、做实验。我从小就喜欢锻炼身体，所以我的身体素质特别好，对体育有着近乎狂热的爱。入学第一年，学校召开秋季运动会，我知道发挥自己体育特长的机会来了。化学系一共得了225分，我一个人就独得12.5分，100米跨栏、800米、1500米中长跑，都是冠军。学习成绩优异，再加上体育成绩突出，我很快就得到了系领导的赏识，光荣地加入了中国共产党。洛阳师范学院校风是非常正的，到了毕业生分配的时候，是按照三年来考试成绩和运动会的得分相加的排名来确定分配顺序的。总分一算，我是第一名。当时洛阳钼业公司、洛阳矿业公司等很多待遇优厚的单位都带着指标来要人。因为是第一名，我就有了优先选择权。挑哪个单位好呢？我的内心挺犹豫的。当时我们的班主任耿老师就给我出主意说：挑矿山厂吧，厂子大，福利好。矿山厂全名叫洛阳矿山机器厂，是国家"一五"期间兴建的156项重点工程之一，在全国也是相当有名气的。公司第一任厂长纪登奎曾任国务院副总理，党的好干部焦裕禄同志也是从这里走出去的。再加上来招人的厂领导告诉我们说是去党委宣传部工作，所以我就高兴地来了。当年7月6日毕业，7月7日我就去厂里报了到。谁知厂里一辆车把我们拉到了偏僻荒凉的南山宿舍楼，等到培训结束宣布分配结果时，压跟没有提宣传部的事儿，直接把我分到了洛阳矿山机器厂子弟小学当化学老师，这又是一个无奈的选择。

来到洛阳矿山机器厂子弟小学之后发现，学校对新来大学生的安排不是那么公平。我们这一批同时分来三位教化学的大学生，一个只分了一个班的课，另外一个分了两个班，偏偏对我委以"重任"——把三个最差的班分给了我。我当时挺委屈的，心里憋着一股气，就想着非得把这三个班教好，干出点动静来，让大家看看。

我起早贪黑，没日没夜地备课、上课、辅导、测试，可是我发现，不论我怎么努力，也考不过同时一起来的李老师。为什么呢？我仔细观察，发现李老师是二班的班主任，班主任说话有分量，时间上也宽裕。于是我就找学校党委书记要求当班主任。书记见我挺有干劲儿，就给我分了一个班。班里的孩子大都是厂里的子弟，是个"关系户班"。家长见分来个新老师当班主任，心里没底，一起到学校找校领导闹。老校长拍着胸脯给家长打包票：放心吧，这个老师肯定行！如果两个月后班里没有起色，我马上换人！

第一年过去了，这真是很煎熬很辛苦的一年。上三个班的化学课，还要当一个班的班主任，工作压力之大可想而知。从小我就是孩子王，几个兄弟姐妹成天被我指挥得团团转。自以为管几个学生还不是手到擒来？没想到，一开始干起来还真不是那么一回事儿。学生一开始并不接纳我，班里挑头儿的"八大金刚"顽劣成性，天天闹事。面对这样一群学生，我并没有嫌弃他们、厌恶他们，而是深深地感到自己的责任重大。如果教育不好这些孩子，不仅会害了自己，还会给各自的家庭带来无尽的痛苦，更会给社会带来一些不安定因素。倘若这样，将是一名教师最大的悲哀。所以，每次学生打架后，我从没有高声斥责过他们，而是默默地为他们整好衣衫，耐心地帮他们补上落下的功课。经常处理完班里事务就到了半夜，然后一个人胆战心惊地骑着车子回家。记不清为他们操了多少心，流了多少泪。终于，我的付出感动了这些孩子，一个名叫柴强的学生对我说："老师，看到你掉眼泪的时候，我们都很伤心。我们太不争气了，太对不起你了！我们已经在一起发过誓了，一定听你的话，再也不犯这样的错误了……"听到这些话，看到学生们一个个变得懂事好学，我笑了，是为孩子们的改变，更为自己的付出有所回报而高兴，而感动。

这一拨孩子顺利毕业后，我又接手了新的班级。有了第一年的经验，感觉在班级管理上得心应手了许多，我把更多的精力就放在了教学上。班里有个叫高洁的女生，成绩很差，快毕业了连基本的化学公式都不会背。中考前夕，为了不让她掉队，我把她接到家里同吃同住。那时候，我刚刚结婚，爱人为了这没少跟我生气，可我还是坚持这样做。我这个人骨子里就有一股不服输的劲儿，觉得只要努力，没有办不成的事。每天晚上，我忙完了工作和家务，就给高洁辅导功课。整整三个月的努力，换来了高洁中考化学 75 分的好成绩，顺利地被理想的学校录取。看到成绩单的那一刻，我激动地和她抱头痛哭！是因为自己的坚持，才有了高洁的今天；是因为自己真诚的爱，才使得原本不可能的事变成了现实。

在当教师的日子里，不管遇到多么难教的学生，我从不轻言放弃。我始终坚信只要心有所爱，每一个孩子都有改变的可能。我的教学成绩在历次统考和中考中始终名列前茅，我本人也被评为"十佳教师"。突出的工作业绩被上级领导看在眼里。1993 年 3 月，领导一声令下，把我从洛阳矿山机器厂子弟小学调到洛阳市矿山机器厂第四子弟子学担任校长，当时我年仅 27 岁。

从一个师范生，到一名化学老师、初三班主任，再到一校之长，这一路我走了八年。从无奈选择，到迎难而上，人生就是这样一步一步走向成熟。我相信任何挫折都是生命中的一种财富，所以我一直没有因为无法如愿而感到委屈。从小当孩子王的经历让我养成了一种敢于担当的个性，无论遇到什么事情，我一定会想方设法做到最好。接受命运，但不屈从于命运，人生往往就会峰回路转，走出一片崭新的天地。

突出重围　源于责任

　　然而，当我踌躇满志来到这所学校时，我惊呆了：学校的大门竟是一个粗糙的木栅栏！进入校园，迎接我的是破旧不堪的教学楼和满园随风起舞的野草。听校领导介绍情况才知道，学校的教师大部分是"农转非"进来的，学历层次不高。学生都是附近的工人子弟和周边郊区农民的孩子，好一点的老师和家里有条件的学生都转到别的学校去了。因为人心涣散，教学质量差，这里被人们戏称为公司教育的"北大荒"。更困难的是，学校资金短缺，账面上只有一元两角九分钱，严重制约着学校的发展。受命于危难之际的我深深感到肩上担子的沉重。强烈的责任心和使命感使我清醒地认识到：要尽快扭转这种落后局面，就必须让老师们看到学校发展的希望！

　　怀揣着让学校腾飞的美丽梦想，我开始了漫长的创业之路。

　　创业第一步。1994年开全市之先河，率先开展小学生计算机教学。当时，计算机还是一个新生事物，许多人不理解我耗费大笔资金这么做的原因，说我是赶时髦，我只是淡淡一笑。我深信自己的选择没有错，作为一名校长，如果没有超前的教育意识，不知道未来发展的时机和方向，那她带领的学校就很难培养出适应社会高速发展的优秀人才。我一方面申请专业教师，另一方面深入市场调研，定计划，购设备，装教室，订书籍。没有资金，我们就发动全校教师集资。为了打消老师们的顾虑，我带头把家中全部的积蓄拿了出来。在我的带领下，全校教师共集资 11 万元，购置了当时最好的设备，建起了拥有 30 台电脑的微机室，为全校的孩子们开设了计算机课。当看到同学们兴致勃勃地操作电脑的时候，当看到孩子们把这种学习潜移默化影响到其他学科学习时，当看到计算机大赛上同学们捧回一张张证书的时候，我感到了从未有过的幸福和快乐。把学校发展与高科技联系在一起，把学生学习和时代脉搏连在一起，找准了学校发展的切入点。我的第一步，迈得很成功。

学校要发展，机制很关键。1995 年，我大胆实施了包括"校长负责制、全员聘任制、岗位责任制、考核评估制、结构工资制"在内的管理体制改革，简称"五制"改革。改革的核心内容是：学校领导拥有较大的决策权、人事权、财产权；教师进与出、工作分配，全由校领导集体说了算；教师的收入，全由自己承担的工作量和工作业绩来决定。教师难进好出，干部能上能下，全校人员工资各不相同。"五制"的有效实施，强化了教职工的责任意识、质量意识和改革意识，为学校发展注入了巨大活力。在加强制度管理的同时，我还认真做好"人"字文章，注重情感激励，让教师们在追求事业成功的过程中体验到自我价值实现的幸福感，极大地促进了学校的快速发展。

创业之路总是曲折而艰辛的。1996 年，受整个行业大环境的影响，公司经营遇到了极大的困难，原本供给学校的资金逐渐断流，教师工资和办学经费完全得不到保障。在最困难的时期，企业不仅无法给学校提供资金，还从学校收取原本企业应缴的"三金"和几十万元的利润。此时别说发展，就是守住摊子也是极不容易的事情。在这样的情况下，部分教师萌生退意，纷纷离职另谋出路。而在我的感召下，更多的老师义无反顾地留了下来，与学校同甘苦，共患难。

　　教师要生存，学校要发展，没有资金怎么办？我带领班子成员深入郊县、农村，调查市场，摸清生源，最终提出了一个大胆的设想：创办寄宿部，以校养校！

　　那是英语学校历史上最激情飞扬的岁月！面对生存危机，我们集资建起了第一幢学生宿舍，并踏遍六区，深入九县，走出洛阳城，辛苦创业，艰难招生。我至今仍记得1997年的那个冬天，天气格外冷，正是春节，家家户户庆团圆的时刻。刚刚大年初四，我就抱着不满半岁的孩子，冒着刺骨的寒风和漫天的飞雪，和几个老师一起到洛阳市偃师县招生。因为资金有限，白天我们顶风冒雪，挨家挨户宣传动员，有时忙得一天只吃一顿饭。晚上，9个人挤在一间冰冷的屋子里，半夜醒来，可以看到老鼠在床头爬来爬去。我们的努力没有白费，14名被我们的诚意所打动的家长，同意把孩子送到学校就读。这是学校希望的火种！那段日子，我天天在学校和这14个孩子同吃同住，对学生关怀备至，却把自己的孩子丢在一边。从食谱的搭配到住宿的安排，从辅导课的设置到孩子的身心健康，每天逐一过问，孩子们都亲切地叫我"校长妈妈"。老师们也像对待自己的子女一样关心这些孩子。最终，学校的严格管理，教师的悉心培养，生活部的优质服务，过硬的学习成绩，赢得了家长的满意和赞扬，良好的口碑使更多的学生慕名而来。学校5次改扩建宿舍楼，寄宿部规模迅速发展到500多人，年均效益高达400余万元。优良的资金来源不但确保了学校的稳定，而且使学校发展的步伐更加坚定有力。

虽然学校实现了跨越式发展，但是我还梦想着让学校加快腾飞的步伐。1998年，我率先提出了创建英语学校，打造特色品牌的构想。为什么选择英语作为学校的发展特色？我有着自己独到的见解：①国际化进程和我国现代化建设需要英语人才；②对小学生实施英语教育，有利于他们在不久的将来尽快成为社会栋梁；③学校之间竞争加剧，没有特色的学校很难发展壮大。遵循着确立特色、设定目标、阶段操作、打造品牌的思路，我们一步步实现着英语学校人的腾飞梦。没有好教材，我们就到市里、省里求教专家，请人推荐；没有好老师，我们像寻宝一样到处寻找人才，然后想方设法把人挖过来；没有好的语言训练环境，我们就自己建起了语音室，这也是当时洛阳所有小学的第一个语音室。最终，我们建立了自己的英语课程体系，在全校普及了英语课，编写了6本口语化、实用化、趣味化的校本英语手册，实现了英语课堂的标准化教学。我们成功举办了14届校园英语节，4届国际文化节。每学期都要组织由教师、学生、家长共同参与的口语考试，现场检测学生的英语能力和水平。在英语学校，英语随处可见、触手可及，孩子们可以时时刻刻学习英语、感受英语。在希望之星、骏马杯等各种英语比赛中，孩子们年年夺得冠军。洛阳现在最好的中学第二外国语学校当时每年招生140人，考试非常严格，每年我们的毕业生考上二外的就有70多人，占录取比例的一半还多。

鲜明的办学特色加上突出的英语成绩，让我们打出了自己的品牌，学校正式更名为"洛阳市涧西区英语学校"，并且成为洛阳市首批特色学校、双语实验学校。

2002年，作为区教育局新课程改革基地学校，我校作为洛阳市首批学校参加了国家新课程改革实验。老师们带着对新课程改革的极大热情，投身到课堂教学实践中，在各个学科形成了自主高效的新型课堂教学范式。那几年，我带领班子成员先后到上海卢湾区巨一小学、深圳华侨城小学等名校考察、学习。上海小学的合作与交流、文化与特色，深圳学校对孩子生命成长与发展的深切关注都给了我深深地振撼。在深入分析英语学校的优势与条件之后，我们提出了创建"135自主高效课堂教学"的构想，并进行了积极的实验研究。何谓"135"？"1"就是明确一个目标：先学后教，当堂达标；"3"是指突出三个特点：课堂上练得多、活动多、评价多；"5"代表具体操作的5个环节：明确目标—自主合作—展示交流—练习巩固—达标检测。究其根本，就是课堂上新知识的传授不再单一地由老师完成，而是给出具体的学习目标和方法，放手让学生去自主学习、研究，发现知识的奥秘。"135"让我们的课堂发生了翻天覆地的变化。课堂上，模式不再是教师，而是学生围绕学习目标，通过自学合作，自己揭开知识的奥秘。孩子们敢想、敢做、善表达，勇于展现自己，学习主动性、学习能力都得到了极大的提高。在实施"135"的过程中，老师们也真正体验着自己的专业化成长，我校先后有一百多节课在全国、省、市优质课大赛中获奖，获奖科目遍及所有学科。

带领学校一步步改变落后面貌直至腾飞的艰辛历程，让我真切地认识到，任何事物都有两面性：有苦有甜，生活才叫完整；有阴有晴，日子才叫自然——人生的意义不在于拿一手好牌，而在于打好一手坏牌。从教育的荒蛮之地突出重围，发展成为蜚声河洛的特色名校，源于我内心深处对教育的那份爱与责任。这份责任，让我任何时候都不敢有丝毫的懈怠。

老鹰重生　源于理想

相信各位都听说过鹰的故事。鹰是世界上寿命最长的鸟类之一，它的寿命可达70岁。要活那么长的寿命，它在40岁时必须做出艰难却重要的决定——40岁的鹰爪子开始老化，翅膀开始沉重，喙变得又长又弯，无法顺利捕猎和进食。它只有两种选择：等死，或者经过一个十分痛苦的更新过程。它要努力飞到一处任何鸟兽都上不去的陡峭悬崖上，待150天。它要把弯如镰刀的喙向岩石摔去，直到老化的喙掉下来，再静静地等候新的喙长出来。然后它以新喙当钳子，一个一个把趾甲从脚趾上拔下来。等新的趾甲长出来后，它又把旧的羽毛一根一根薅下来，熬过5个月后，新的羽毛长出来了，鹰开始飞翔，得以再过30年的岁月。每次读到这个故事，我都会被深深地打动。英语学校的发展历程就如同鹰的成长过程，遇逆境而不折，置之死地而后生，学习、历练、拼搏、奋进、坚持、开拓……不断地改造自己，重塑自己，最终必将凤凰涅槃，浴火重生！

2008年，我们顺利完成了企业学校向社会学校的过渡，正式由区政府、区教育局接管。此时的英语学校，已经有了良好的社会声誉。在企业与政府交接的时候，公司任董事长把我拉到当时主管教育的副市长杨萍面前说："公司三个学校，她最不容易，那样的一个烂摊子，都能被她彻底地改头换面。三校合并时她担任总校校长，一个人撑起一个大家，照样干得有声有色。我是真心舍不得这个人才，想让她去中学挑起校长重担，或者去工会发挥作用，可是她不肯答应，说是离不开她奉献了整个青春的学校，离不开她的老师和孩子们。"

杨副市长从此牢牢记住了我，更多的机会和挑战也随之而来。

从企业归并社会，为学校提供了更加广阔的发展空间，也让我们的梦想飞上更辽阔的天空。然而，此时的我们，由于校舍陈旧、狭小，校园硬件不足，班额过大，

第一篇　治校方略

已经严重限制了学校的发展。2010 年，经多方奔走，政府投资近千万元的新教学大楼建设项目开始动工。期间历经重重波折，2013 年 8 月，新教学楼落成。这一年，恰好是英语学校建校 40 年，也是我担任校长的第 20 个年头。

　　回想这些年，在办学条件极其困难的情况下，我们没有停止的前进的脚步。面对一次次挑战，我带领老师们制定规划、锻造团队、狠抓质量、屡创佳绩。如今，站在新的平台上，面对着新的环境，我们已经没有了过多的物质压力。那么，是否能有一种新的理想，让我们的学校特色更加鲜明，让我们的发展之路走得更远？

　　我把着力点放在了学校文化的建设上。因为我知道，特色学校的本质是学校的个性化，这种个性化首先体现在学校文化的个性化上。一所有特色的学校一定有自己鲜明的学校文化，它凝聚了这所学校的个性风格、文化品位和人才特质。

　　"英鹰文化"的提出，是从 2012 年开始酝酿的，经历了半年多的时间。我们一直想找到一种文化，能够浓缩英语学校人艰苦卓绝的历史、破茧重生的今天，并且勾勒出充满希望的未来。

　　探寻学校文化的过程，也是让精神得到启迪和重生的过程。我首先想到了英语学校的老师们。

　　在学校面临生存危机的时候，老师们宁可自己不拿一分钱工资，也要把有限的资金节省下来，用于改善学校的办学条件，给孩子们提供最优质的教育。

每每有机会外出学习，大家都是日夜兼程，如饥似渴地吸收、学习、研究、反思，并把学到的方法用于自己的课堂实践中，努力让自己的教育教学水平得到更好的提升。

工作中，无论遇到怎样的问题，学校领导总是带头冲在前面，用精神力量带领大家战胜一切困难……

平心而论，我们没有别人那么优越的地理位置，那么优良的办学条件，那么强大的师资力量，然而，正是凭着这种志存高远、奋发有为的精神，十年卧薪尝胆，十年磨成一剑，造就了学校的腾飞与辉煌！

由此，我想到了鹰。从雏鹰展翅到搏击长空，鹰的坚韧、勇敢、超越一直为人们所传颂。以"英鹰"来命名学校文化，不仅读音与校名巧妙结合，更体现了学校发展延承下来的志存高远、奋发有为的精神内涵。最终，我们确定了"英鹰文化"这一文化主题，开始了长达4年的学校文化建设工作。

我们构建了完整的英鹰文化体系，将理念文化、视觉文化、制度文化、行为文化逐层分解细化。

我们制定了英语学校的"三风一训"。全体师生以"英鹰文化"为旗帜，秉承"志存高远，奋发有为"的精神，牢记"自信自立，致新致远"的校训，弘扬"和合同行，情智共生"的校风，培育"勤学敏行，乐享成长"的学风，锤炼"赏识激励，乐研善教"的教风，全力打造高科技现代化优质名校。

我们设计了形象鲜明的学校校徽、活泼可爱的吉祥大使，制作了英语学校的校歌《雏鹰之歌》。

我们编印了精美的英鹰文化手册，生动全面地展现了学校的英鹰文化。

我们营造了风格独特的英鹰校园环境。立体式的整体绿化，使校园内四时常绿，季季有花。满园的牡丹，更突出了洛阳的地方特色。小小情智园内，景观、花卉、喷泉、假山、雕塑、荷塘，各类小动物、各种农作物，构成了一个完整精致的小生态圈，让孩子们亲身体验种植、养殖的快乐。形形色色蓬勃生长的生命，使整个校园生机盎然。学校大门上方矗立的鹰娃立体形象，是英语学校的吉祥大使。这是孩子们亲手设计、命名的卡通人物英英、飞飞，代表了英鹰快乐地成长，努力成就最好的自己。教学楼外墙上的两幅巨型壁画，彰显着学校的办学品位和特色。校园东西两侧的科技文化墙和英鹰文化墙，动感的立体文化石凳，花池内学校的校风、校训、校歌理念组合立柱，教学楼门楣上"国际文化视野、自信自强精神、勤学敏行能力、向善向美品格"的标语，主题大厅里的"学校故事""我的家园""我型我秀"德行成果树，都彰显着学校的育人理念，使校园文化的内涵日益丰富。美丽的英语学校，激励学生"勤学敏行，练硬翅膀，自信自强，快乐成长，奋发有为，展翅翱翔"。

"英鹰文化"，已经成为英语学校响当当的文化品牌。2016年7月，《中国教育报》以专栏的形式，对我校的英鹰文化进行了报道。

17

快乐飞翔　源于大爱

当了老师，才觉得这个职业很高尚。和孩子们在一起，自己的心灵也会变得清澈、纯净。我爱英语学校的每一个孩子，并把他们亲切地称为"英鹰"——一群英姿勃发、昂扬向上的英语学校雏鹰。我的教育理想，就是要为每一个孩子提供适合的教育，让每一个英鹰都能快乐飞翔！

我们认为，决定英鹰未来能否翱翔天空的核心素养将是这样几个关键词：健康、文明、智慧、尚美、国际。基于这五大核心素养，我们提出并架构了完备成熟的"英鹰成长课程"体系，包含学科知识达标课程、品行养成活动课程、个体成长提升课程三大分支，细化为九大类100个学习课目。学科知识达标课程，即国家课程、地方课程的校本化实施，针对全体学生，以保底的统一教学为主，全面落实课程的四基教学、三维目标；品行养成活动课程涵盖了德行课程、节日课程以及阳光大课间课程，并借助四轮联动德育评价，共同促进孩子们道德品质的提升；个体成长提升课程以英鹰拓展课程和社团课程为依托，拓宽了孩子们的学习空间，为学生的特长、兴趣发展搭建了广阔的平台。三大类课程以不同的课程实施形态相互配合、互为补充，给学生不同的体验，共同促进了学生核心素养的提升。在各级各类竞赛活动中，我校的小英鹰们尽情展示着自己的风采。学生邓一凡在新加坡举办的第 3 届"国际英语大赛全球总决赛"中斩获金奖；马正阳等 4 名同学在"21 世纪杯联合国青少年大使大赛"中进入全省十强，获得赴美国参加联合国全球总决赛的资格；在洛阳市"十佳"小记者评选活动中，韩睿、余铭姝同学光荣上榜；在"区长杯"校园足球比赛中，我校足球队连年夺得冠军奖杯……英鹰成长课程，成为实现学生健康成长、快乐飞翔的最佳途径。

课程的落脚点在于课堂。课堂不仅是学生学习知识、掌握技能的地方，也是师生丰富情感、发展情商、活跃思维的地方。为此，我校创建了"四有四动"情智教学。情智教学是在"135 自主高效课堂教学"的基础上发展起来的，是从建模、优模到破模的又一次大的提升。它具有"三四五 32"的鲜明特点，要求教师教学中要遵循三个原则，围绕四个环节，落实五项要求，体现 32 字特征。我经常告诉老师们，一节好课，"学生本位"的思想要在各个环节得以体现，要最大限度地适应不同程度的学生。

"四有四动"情智教学重新定义了课堂——要求教师做到"心中有爱，眼中有情，脑中有法，口有妙语"，学生实现"小脸生动，小眼灵动，小手会动，小嘴开动"。师生生命力量形成共振，情智共生、教学相长，不仅锤炼了孩子们振翅的力量，更让老师体验到了成功与幸福。在国家、省市各类优质课评比中，我们的老师们都取得了突出的成绩，每学年都有数十节课获奖。我校的情智课堂还被评为洛阳市智慧课堂。2014—2019

年，五载春华秋实，82人团队的奋力拼搏，我校连续五年在全国"一师一优课 一课一名师"活动中，共获得41节部优、75节省优、85节市优的耀眼成绩。2014—2015年，部优3节，省优11节，市优13节；2015—2016年，部优4节，省优12节，市优14节；2016—2017年，部优11节，省优19节，市优20节；2017—2018年，部优13节，省优17节，市优19节；2018—2019年，部优10节，省优16节，市优19节。获奖等级和节数年年名列全市第一。

我自己也带头上课。从2014年开展"一师一优课 一课一名师"活动以来，我连续4年执教了《体积变化之谜》《水落"盐"出》《风的测量》《冬暖夏凉的房子》4节课，年年获得部优奖，我本人也因此被评为洛阳市"一师一优课 一课一名师"活动模范个人——全市仅3人。2016年11月10日，在"2016河南省小学科学优质课观摩研讨会"上，我以"全省优质课一等奖"获得者的身份为全省300多名与会老师展示示范课——《水落"盐"出》。同时，还参加了"河南省第15届优秀自制教具暨中小学生科技创新、小制作、小发明"展评活动，在活动现场，与专家进行了面对面的沟通交流，得到了专家的高度评价，《洛阳晚报》《教育周刊》还对此进行了专访。记者问我："您是校长，平时学校的管理工作已很牵扯精力，为什么还要坚持上课呢？"我是这样回答的："校长姓'教'，当校长不仅要会上课，还要能上示范课。我参加赛课不是为了评职称，而是为了圆我的一个梦。14年前,我的职称问题就解决了。我个人曾获得过4节省优质课一等奖,辅导过4名教师获得省优质课一等奖,但是,我没有在全省上过示范课,这次终于圆梦了。"

为了让学校持续发展,我们于2013年春季加入了上海方略教育机构的高端培训项目——"洛阳市小学学校改进计划",2014年成为北师大美丽园丁"学校文化建设提升"项目的实验学校,2019年又如愿和河南省的"一校一品"特色项目顺利牵手。优质平台的全面带动,高精尖专家团队的悉心指导,众多榜样学校的示范引领,在文化提升、课程建设、特色发展等诸多方面共同助力下,加快了学校前进的步伐。

为了让老师们迅速成长,我们一方面通过"青蓝工程",为每一位青年教师配师傅,结对子;另一方面积极开展各种培训。比如通识性培训,让教师学习各类规章制度,了解基本的教学模式;生涯规划培训,为青年教师规划职业生涯,要求他们一年合格,三年称职,六年成骨干,十年成名师;业务提升培训,经常请省市教育专家走进课堂,对教师进行专业性指导。此外学校的教研活动也开展得相当扎实,老师们经常在一起磨课研课,进行单元互助备课,有时为了一个小问题研究到晚上七八点钟。我也常常参与其中,和老师们一同探讨。好老师就是这样成长起来的。我们的年轻教师,个个业务素质都很棒。市、区的优质课比赛,只要我们学校老师参赛,大奖非我们莫属。

为了让学生成才，我们大力实施德行教育，不断提高学生的德行素养。我们充分利用国旗班、军乐团、小警队、梦想小舞台、校报、网站、升旗仪式、七彩童年广播站等少先队阵地，加强对学生的行规管理，教育学生养成良好的日常行为习惯，形成自律自护、学会负责的人生态度。我们大力推行书香校园、书香班级、书香家庭建设，让校园充满文化气氛，让师生的气质更加高雅。我们积极开展一系列德育实践活动，促进学生成长为守规则、知礼仪、有自信的文明英鹰。我们探索实施以六年一体化成长手册、道德银行、幸福卡、幸福免试生为载体的"四轮联动"情智评价，有效地促进了学生"六小"行为习惯的养成，极大地提升了学生的文明素养。我们在"道德银行"的创新做法已在全区得到推广，并被教育部基础教育司定为"好习惯银行"重要实验学校。

　　在持续发展英语特色，并与英国、新西兰两所小学顺利结盟之后，我们又发展了科技、足球两大特色，形成了学校特色三足鼎立的良好局面。英鹰科学院、机器人活动室、小牛顿实验室、英鹰气象观测站、每年一次的科技贸易节活动，激发了学生对科学的兴趣，为孩子们搭建了科技创新的平台。独创的阳光足球大课间课程、"1+X"模块课程、校园足球联赛、足球嘉年华活动，丰富了英鹰学子的足球生活，助推了学校的特色发展。

　　我们开发了丰富多彩的四大校园主题节日课程。孩子们在春季的快乐阅读节中汲取知识的养料，在夏季的体育艺术节中挥洒汗水与激情，在秋季的科技贸易节中感受科技的无穷魅力，在冬季的国际文化节中开阔自己的国际视野。

2016年12月，我校在洛阳市教育局星级验收评估中，被市教育局评定为"全面示范特色学校"。在总结会上，我代表全市获评学校作经验介绍，得到了在场教育同仁的热烈掌声。

在辛勤的耕耘中，一份份荣誉纷至沓来。河南省教育专家、省学术技术带头人、省优秀中小学校长、省优秀管理人才、省先进德育工作者、省骨干教师、洛阳市"十佳"校长、市特级名师、市优秀教师、市教育系统业务标兵……一本本沉甸甸的荣誉证书，记载着我教育之路上丰实的收获。

当校长27年了，我依然没有丝毫的职业倦怠感，依然那么朝气蓬勃、激情智慧地工作着。爱的最高境界就是情不自禁。我爱教育、爱这个学校，希望走进这个学校的孩子，每天都能享受到最好的教育；希望走进这个学校的老师，每天都能快乐地育人。我希望我的师生都有国际范儿、中国味儿，每天都很开心，未来都能成才。这是我激情工作的能量之源。坚守，是一种主动，是一种超越，是人生的一种完善，是对自我的不断洗礼与升华。成绩记录着我们的光荣和梦想，而未来，还有无限新的希望和等待。我愿和我的老师们、孩子们一起，坚守成长，坚守爱，坚守责任，更坚守这无意走入，却又带给我无限幸福的教育人生！

最后，我想把我自己写的一首小诗送给大家——
雄鹰
有求索长空的志向
才能够在蓝天自由自在地飞翔

英鹰
有超越自我的梦想
才能够在英语学校奏响生命的乐章

坚守
英语学校这片爱的沃土
在阳光下起舞
在风雨中歌唱
磨砺　成长　振翅　起航
向着梦中那美丽的地方
——翱翔

五部曲让教师在学习培训中破茧成蝶

　　一直以来，老师们都为日常繁忙而琐碎的教学工作付出了太多的时间和心血，顾不上锻炼更谈不上学习了，这样一来忽视了作为一个教师成长所必需的精神支柱和能量来源。如同一只忙碌的春蚕，被现实纷繁织就的茧牢牢束缚其中，无力挣脱，无法实现专业有效的提升，也无法获得教育生命的成长，更无法享受教育的幸福快乐。那么如何破解这一难题，让老师们破茧成蝶，奋飞于教育这片园地呢？为此我们进行了积极探索，弹奏出让教师破茧成蝶的五部曲。

第一曲：学习培训为教师提供破茧成蝶的坚强动力

　　教育是爱的事业。我们通过政治学习，告诉老师们，要做好一名教师，首先要充满爱心，忠诚事业，把追求理想、塑造心灵、传承知识当作人生最大乐趣；要关爱每一名学生，关心每一名学生的成长与进步，努力成为学生的良师益友，成为学生健康成长的指导者和引路人。我们要求教师要培养静心：静下心来备好每一节课；静下心来批改每一本作业；静下心来与每一个孩子对话；静下心来研究教学；静下心来读几本好书；静下心来总结规律；静下心来反思……老师静下心来，直接受益的是学生，而最终受益的是教师。教师要严谨笃学，潜心研究，做热爱学习、善于学习、终身学习的楷模。教师要以身作则，行为示范，以自己崇高的情操和良好的道德风范去教育和感染学生，以自身的人格魅力和卓有成效的工作赢得全社会的尊重。

　　爱与责任是师德的集中体现，更是我们敬业奉献的源泉和动力。我校围绕"爱心和责任"两大主题开展了一系列师德师风活动。通过开展师德师风讨论，明确爱心教育和责任教育的内涵，丰富其内容，使老师们能够担当责任，承担起教书育人的重担，用爱心浸润学生的心灵，用爱心沐浴学生的成长。通过举行师德师风演讲及辩论赛，让教师们更加深刻地懂得良好的师德是我们做好一切工作的前提。

　　我们坚持开展"学习成绩重要，还是学习习惯重要"等内容的辩论会。赛前，老师们广泛阅读、搜集资料；活动现场，正反双方滔滔不绝、出口成章，爆发了一场唇枪舌剑、互不相让的辩论。而观众也被激烈的气氛感染，不时为辩论选手鼓掌喝彩。经过紧张比赛，老师们体验了过程的精彩，体会到思考的快乐，也感受到了语言的力量，同时也更深切地理解了"习惯决定命运"这句话的含义。因此作为具有育人职责的教师，我们更应该思考学生的未来，着眼于学生一辈子，培养良好的习惯，让他们受益终生。

我们坚持开展"享受职业幸福，争做最美教师"为主题的演讲比赛。老师们结合自己的工作实际创作演讲稿，以自己从教的切身体会和身边的动人事迹为题材，尽情抒发了对教育事业的热爱，表达了心中对最美教师的向往和崇敬。演讲台上的激情，让大家更加坚定了对教育事业热爱的信念，立志以更饱满的热情、更积极的行动、更睿智的创造投身于我们的教育事业中去，并肩朝着同一个目标携手共进！

我们通过实施"快乐阅读"计划，努力打造"书香校园"，滋养教师的心灵，促进教师成长。在教师的专业成长过程中，读书起着举足轻重的作用。读书就是读自己，读书越多，思考越多，认识提高就越快。认识每提高一步，实践就多了一份理智，多了一份自觉，多了一份自律，因而也就多了一份高尚。我们从调动教师阅读的内驱力着手，激励教师主动阅读，在阅读中丰富专业理念。在我们的教师群体里，有很多爱读书的典型，我们通过读书交流会的形式，由他们现身说法，介绍阅读的益处，倡导主动阅读，让教师们积极仿效，做到以典型带动全员阅读，充分调动教师的主观能动性。为了增加阅读的辐射面，鼓励教师广泛阅读，我校定期为教师购置大量图书，分年级组建阅读团队，建立读书库。团队成员各自从书库中精选优秀教育著作，人手一本，在规定的时间内必须读完，然后组内交流，定期交换，我们称之为"漂流阅读"。每年寒暑假，学校都要向教师推荐必读好书，要求教师根据自己的特点，读1~2本教育论著，以提高自己的教育理论水平。我们还要求每位教师按照"摘记＋反思"的形式，做好读书笔记。每学期选择优秀读书笔记装订成册，在阅读心得交流会上和大家共同分享。

我们鼓励大家广泛阅读：读与课堂教学密切相关的教育杂志，吸收先进的教育理念；读著名教育家的专著，学习借鉴优秀的教育教学方法；读各级各类报纸，关心世界形势与时代发展；读科学书，不断开阔自己的眼界；读智慧书，陶冶心灵，丰富自己的头脑……我们采用多种多样的阅读形式：集体研读、自主阅读、组内交流、沙龙活动等，教师的读书意识增强了，更好地带动学生的主动阅读，校园里的读书氛围也更浓了。

蚕在茧中孕育、坚守，就是为了破茧成蝶的那份灿烂。每一个英语学校人，都期待着我们的教育生活也能拥有这份羽化成蝶的美丽。

第二曲：队伍建设为教师增强破茧成蝶的巨大能量

一所凝聚力强的学校，离不开教职工的精诚团结。大家彼此信任，相互协作，一起成就梦想，共同创造辉煌。我们英语学校努力培育自己的学校精神，以共同的理想、共同的事业凝聚全体教职员工，使每位教师都感到学校就是自己的"家"，每个人都愿意为这个"家"

付出所有的智慧和激情。

　　学校实施多项措施打造卓越的教师团队，旨在激励老师们达到"提升自己，发挥能量，让生命更精彩"的目标。学校多次邀请洛阳市涧西区教育局侯局长到校为全体教师做有关团队建设的精彩讲座。在讲座中，侯局长用生动的事例和富有哲理的小故事感染着在场的每一位教师。"个人再完美，也就是一滴水；一个优秀的团队才是大海。"在姚莲彩校长的引领和带动下，全体教师组建成一个"卓越"团队，确定了队歌、队徽等团队标志。然后全校教职工又按年级分为6个子队伍。每次全体教师会议前，大家共同高唱队歌，振奋精神。为了增强团队的凝聚力，提高工作效率，学校还制定了团队建设考核方案，对团队的常规工作和创新工作确定了要求和考核标准。学校通过制度保证和情感纽带，运用评价杠杆，强化团队意识导向，将一个个备课组、教研组、课题组，凝聚成研究共同体、教学共同体、学习共同体和利益共同体，使教师在实践中体会到，要想真正做出一点教学成果和研究成果，脱离了集体是无法实现的。这种团队发展形式给大家以极大的新鲜感和强烈的集体意识，老师们积极行动起来，常规工作扎扎实实，创新工作富有特色，工作效率大大提高。

　　队伍建设所带来的作用是巨大的，教坛上"135"高效课堂模式的诞生与发展，双语课堂的摸索与创新，每周集体教研的蓬勃开展，生活中的关怀与问候，节日里的短信与祝福，年级组里四季不断的水果与糕点，以及每一届英语节的精彩纷呈,每一次贸易节的推陈出新,"六一"节的华丽展示,科技节的奇思妙想,体育节的龙腾虎跃等,无不凝聚着一种团结协作、拼搏进取、激情奉献的精神,这是英语学校蓬勃发展的精神之魂,力量之源。这种精神,让学校始终活跃着一支大胆开拓、善教乐学、思想敏锐、乐于奉献的教师队伍,也让每一位学生始终保持着一双充满活力与朝气的眼睛。这种精神,让我们从涧西区教育系统的三流学校,发展成为最高级别的五星级学校、洛阳市首批规范化小学、市实验性示范性学校(全市共4所小学入选)、河南省首批师德师风建设先进学校(全市共2所小学入选)、全国优秀家长学校等。

仿佛一只只即将破茧的蝴蝶,在静静地积蓄力量,等待着振翅飞舞的那一刻的到来。

第三曲:骨干引领加速教师破茧成蝶的发展进程

我们加强骨干教师队伍建设,努力构建由省、市、区、校级名师、学科带头人组成的骨干教师队伍,造就一批具有先进教育思想、科学教育理念、道德素质高尚、业务精湛、教学成绩优秀、开拓创新、科研成果显著的特色名师。为此,我们制定和完善了骨干教师培训、选拔及考核方法,建立骨干教师业务档案。尽可能多地给骨干教师创造外出学习的机会。学习回来之后,要上交学习笔记,面向全校上一节示范汇报课或开一个讲座,并交一份学习心得。通过实施名师工程，请教育专家、省市区教研员多次到校听课、指导，对教师进行零距离培训，重点打造学校骨干教师队伍。

我们要求骨干教师以"个人反思、同伴互助、专家引领"的模式，开展课题研究。以课例为载体，反思自己教育的全过程；以课例为支撑，贯穿于公开课和教育科研之中，当然，课例的完成又必须以团队为基础，有利于同伴互助和教师间的相互合作。教师通过设计真实、复杂的学习环境，来探索、思考自己的教学实践；通过交流、分享他人的长处，产生新的思想，达到新的认识，从而实现自我知识结构的重组。在教学实践活动和课例撰写过程中，反思自己的教学，积极总结已有的经验，生成新的经验，实现知识结构的重组。可以说教科研工作扎扎实实地进行，是教师教学水平得以提高的最有效途径，是骨干教师培育的良方。

我们努力创设交往时空，让教师与名师对话、与专家交流，反思自己，找出差距，模仿创造，超越自我。我们经常组织大家观摩全国知名专家的课例、讲座；每学期都要邀请省内外知名教育专家、名师、骨干教师到我校讲学、上示范研讨课等，为老师们搭桥引路。如叶鹏教授的《教师的魅力》、刘松林老师的《教师语言技巧与五环改革》等，他们从自身的经历和经验谈起，没有华丽的辞藻，没有惊天动地的事迹，但听起来是那么真实、朴实，先进的理念洗刷了头脑中的尘埃，为教育事业甘愿无私奉献的高尚品格净化了人们的心灵，涤荡了些许的阴霾，幽默风趣的语言又让老师们看到了名师的别样风采。

我们充分发挥校领导和学校中层干部的引领示范作用，以此带动全校教师努力提高业务水平，实现专业发展。每期我校的所有领导都要面向全校执教公开课，授课者独具匠心的教学设计、目标达成度高的教学过程、清晰简明的教学思路、灵活多样的教学方法、亲切自然的教学体态、生动活泼的教学语言，都很好地体现了我校课堂改革的成效。

我校利用教研活动时间开设了"骨干教师大讲堂"的教师专业成长沙龙，旨在充分发挥名师、骨干教师的示范、引领、带动、辐射作用，通过聚焦教育教学，传播先进经验，剖析典型课例，打造优质课堂，促进广大教师的专业成长，推动学校教育事业的发展。活动分为语文、数学、英语、技能4个学科。朱媛媛、王艳、丁雪晓、段晓静四位市区级名师登上大讲堂，从学科教学、教育管理、教师成长等多个方面为老师们做专题讲座并和大家进行了互动交流。讲堂上，四位教师和大家分享了自己工作中的点滴经验，跟老师们进行精彩的理念对话，多层面呈现自己的教学艺术和对教育事业的思考，让大家听有所获、观有所思、议有所得、研有所长。

多种形式的专业引领，为老师们提供了一个触摸学术前沿、领略名师风采、分享成功经验的机会，老师们纷纷表示要潜心修炼，在教学中争先创优，向名师、骨干看齐。一系列的教师研训活动，构建了学校的名师培养体系，为广大教师提供了发展的舞台，形成一批在市区有一定影响力、有较高教科研能力的专家型教师队伍，带动广大教师专业发展、自我提升，引领我校的课堂教学进一步走向务实和高效。

芳花烂漫，蝶舞翩跹，纷飞的彩蝶，结队成群，把英语学校这座教育的百花园装点得异常生动。

第四曲：青蓝工程实现教师破茧成蝶的斑斓梦想

蚕蛹之所以能够羽化成蝶，是因为拥有了高飞的梦想。

当一名"教书匠"容易，但要做一名真正的教育者却并非一件容易的事情。对于新上岗的年轻老师来说，想要成为一位让大家满意的好老师，无疑就是一个化蛹成蝶的过程。

青年教师学历高、思想新、干劲大，是学校未来的主力军，对学校的发展有着不可估量的作用。我们的做法是加大培养力度，通过多种培养形式，张扬青年教师的个性，激发他们的闪光点，保持他们的激情和活力，使他们充满自信地走上教育教学的成功之路，成为我们学校持续发展的新生力量。

我们要求青年教师树立远大的教育梦想。"不做教书匠，要当教育家。"要对自己的职业生涯设定远大的目标和长远的规划。

为使青年教师快速成长，我们努力为之创造学习、提高的机会，鼓励他们在工作中积极实践、大胆创新。担任班主任、任教主要学科、跨学科进行教学……我们鼓励青年教师勇挑重担。为了提高青年教师的教育教学水平，我们先后举办了"怎样当好班主任""提升自身素养，优化课堂教学""青年教师怎样走好自己的路"等讲座，请一些优秀教师介绍班级管理经验和教学教研经验，与青年教师互动交流，从班级管理、习惯养成、课堂教学等方面，对青年教师进行全面的引领和培训，促使青年教师早日成熟。

  为提高青年教师的教育教学水平，扩大他们的教育视野，提升总体素养，我校每年拨出大量经费，派青年教师参加区级、市级、省级和全国的教师专业成长学习培训，并采取走出去、请进来的方式，为青年教师提供学习进修的机会。如2012年上半年，我们选派一些青年教师赴上海学习；下半年则安排另一些青年教师参加市班主任培训。通过学习，促使青年教师对照、反思自己的教育教学理念和方法，促使他们用心感悟课堂，用心研究课堂、研究学生，充分享受课堂、创造课堂。

  为了打造一支教艺精湛、教法科学、理念全新的青年教师队伍，我们建立了师徒结对制度，每名新教师由骨干教师进行学科指导和班主任工作指导，并对指导教师提出了指导要求，期末进行考核，作为对指导教师年度考核的内容之一。

  2012年9月，因为涧西区教育布局调整，有一大批教师加盟我校教师队伍。为了使新入职的老师们尽快适应我校的教学,更好地实现专业发展,也为了提高教师的教育教学能力、科研能力,为教师相互学习、相互交流搭建平台,我们举行了"同伴互助,携手成长"教师结对签约活动。一学期下来,帮扶教师积极进行一对一跟踪听课指导。在帮扶教师的协助下,新入职教师用较短的时间了解了我校教育教学的基本情况和要求,很快熟悉了所教年级学科教学内容,掌握了备课、书写教案、知识传授、课堂教学、培养学生综合能力的方法,教学水平迅速提高。

赛课历练,是青年教师成长的重要方式。每个学期我校都要组织一次"青年教师汇报展示课"活动,2012年秋季的青年教师优质课比赛,充分证明了他们在英语学校的快速成长。10位语文教师为我们展示的是阅读模块教学,高健飞老师在课堂上不仅注重朗读方法的指导,还渗透了写法的指导;王保燕老师注重创设情境,教态亲切自然,评价及时到位;毕少莹老师的课朴实、自然,环节紧凑流畅……3位年轻的数学老师也表现突出,他们注重实践探索和数学方法的学习,课堂扎实有序;7位年轻的英语教师积极准备,认真备课、研讨,每一位老师都上出了自己的特色。六年级尤亚纯、李晓婵老师知识归类细致到位,五年级王杨子、丁毓老师注重每个教学细节;四年级谷黎老师教学环节设置巧妙,刘珈辰老师关注到了每个孩子的层次;一年级李文琪老师教学评价"摘苹果"新颖有趣……6位技能学科教师也准备充分,与热情高涨的学生一起演绎了生机勃勃的课堂教学。赛后，我们及时进行了反馈、奖励，以激励青年教师在教育教学上不断探究、不断提升。

对于区、市乃至省级优质课大赛，我们也积极给青年教师创造参赛的机会，通过听课、磨课、引领示范等，努力为他们搭建快速成长的平台，使得我校一大批青年教师在教坛崭露头角，脱颖而出。仅2012年就有王艳艳、贾璞、毕少莹、高燕品等多名青年教师在市、区课赛上取得佳绩。

成长是一种蜕变后的美丽。经历了风雨的洗礼和破茧的痛苦，终于羽化成丽日下翩翩起舞的蝴蝶。

第五曲：师能培训为教师插上破茧成蝶腾飞的翅膀

阳光下，我们努力给教师插上一双翅膀，帮助他们享受教育的幸福。

加强校本培训，自觉走进学习型工程，拓展培训的空间。我们积极支持教师参加各级教育行政部门组织的培训活动，每年还投入大量资金，带领老师们走出洛阳，走出河南，拓宽学习视野，领略名校风采。两年来，我校先后组织全体教师到深圳华侨城小学、后海小学、育才小学，上海巨一小学，江苏洋思中学，山东杜郎口中学和向阳小学进行学习培训，还组织部分学科教师集中到进修学校或城内小学培训，如西下池小学、洛龙双语小学、巩义子美小学进行参观培训，使全体教师开阔视野，增长见识，更新观念，掌握方法，并运用于自身的教学实践，取得了良好的效果。

我们努力铸就"师能"。为跟上现代教育的步伐，领跑全市小学教学，我校班班配备了多媒体，人人都是电化教学的践行者。我们组织教师参加省、市、区信息技术培训，合格率达到100%。我们开展信息技术在课堂教学中的应用实验，做到全员参与。为提高教师的专业技能，我们通过组织继续教育、课改培训、信息技术学习、基本功大比武、同课异构、教工教学大比赛、教师三笔字比赛、教师简笔画比赛、教师网络应用能力比赛、教师教育论著阅读等活动，提升了教师的职业素养。

校本教研有利于加强教师之间以及在课程实施等教学活动中的专业切磋、协调和合作，共同分享经验，互相学习，彼此支持，共同成长，这也是集体学习、集体反思的一种形式。围绕我校的"135"教学模式，我们实施了"教学沙龙"式教研活动。为了使校本培训活动能切实有效地帮助教师解决教学工作中的实际问题，我们以教研组为单位组建了一个个学习团队，教研组长即为团队队长，让每个教研团队针对自己学科的特点找问题，针对问题，进行集体备课，一名教师执教微型课，其他老师负责评课。第一轮团队活动后马上进行交流反馈，找出问题和不足，修改教案，进行第二次备课、上课、评课活动。教学团队通过两次或两次以上的推敲，在提高课堂有效性方面取得了实际经验。每个团队在活动中都具体形成了一份精心设计和修改过的完整教案，一份前后对比的教学评课记录及问题研究的成果评价，大大提高了我校教师课堂教学的实效性。

　　坚持开展教学冲浪活动，有效提升了教师师能。教师理论知识测试的内容涉及面广，有教育学、心理学、新课标新理念、人文科学等。老师们通过"考试"的洗礼，静下心来认真反思自己的教育行为，对自己的教育教学工作有了更全面、更深刻的理解，既有理论上的提高，也有教学观念上的升华，更有教学经验上的丰富。学科技能大比武形式多样：语文学科的微型课及朗读比赛，数学学科的讲题大赛，英语学科的现场命题演讲，体育学科的队列及行走展示，美术老师的现场作画，音乐老师的即兴歌舞，科学老师的走马灯制作……老师们在展示自己的舞台上增长了自信，开阔了视野，同时享受了成长过程的快乐。

　　2012年，我校大力践行赏识教育，努力打造赏识型课堂。11月中旬，赏识课堂风采展示课率先在语数英学科进行。每个年级通过相互听评课，推选出一节赏识课在全校公开展示。共有6节语文课、6节数学课和1节英语课面向全校进行交流。课堂上，老师们时刻关注每一个学生，充分发挥学生的主体作用，大力赏识学生的精彩表现，积极进行有效评价，让学生快乐、自信地投入学习，知识与智慧同步增长。灵动的课堂，让我们看到了教师对教学钻研的热情，学校践行的"赏识教育"使孩子们的生命状态得以舒展，教师怀着"花苞心态"引领并期待着孩子们的觉醒；抓住教育契机，"步步为营"地创设出了独特、高效的课堂教学。在师爱的照耀下，每一个孩子都是闪闪发亮的钻石。

　　五部曲的成功弹奏，不仅锤炼了我校教师的专业素养，而且提高了教师的事业责任心和荣誉感，在广大教师中形成了"快乐工作，享受教育"的氛围，勾画出了"关爱生命构建和谐校园，拒绝浮躁追求职业幸福"的美好愿景。在英语学校这个学习化的组织中，老师充满了热情，焕发着活力。大家在学习中完善自我，在实践中发展自我，在合作中奉献自我，在竞争中提升自我，破茧成蝶。2013年，学校教师取得的成绩是惊人的，优质课、论文、发表文章、荣誉……各类奖项如雨后春笋般涌现，实现了各个学科遍地开花。仅以优质课为例，我校裴瑜老师执教的《天窗》一课荣获全国语文阅读研讨课第一名；吕燕苹老师执教的 Helen Keller 一课荣获河南省英语课堂教学一等奖；王艳艳老师执教的语文优质课《花边饺子里的爱》获国家级二等奖、市级一等奖；姚莲彩校长的科学优质课《降落伞的秘密》获国家级一等奖并在全市展示；步青帮老师执教的《有趣的降落伞》一课获省级一等奖；朱媛媛老师执教的美术优质课《汽车的研究》获国家级一等奖；毕少莹老师执教的美术优质课《谁画的鱼最大》获省教学技能竞赛一等奖；倪佩玲老师执教的科学课《有趣的磁铁游戏》获省级一等奖；郭云霞老师执教的品德与社会课《学会安全自护》获省级二等奖；王杨子老师执教的品德与生活课

《小黄帽》获省级二等奖；贾璞、王艳艳老师的习作课获洛阳市优质课大赛一等奖；贾璞老师执教的习作评改课《写一个人物群体》在洛阳市习作教学研讨会上展示；周崇俊老师执教的《杨子荣借题发挥》获市语文阅读示范课一等奖；杨小艳老师执教的数学课《因数和倍数》获市级一等奖；段晓静老师执教的英语课 primary school 面向全市作教学观摩；李晓婵、刘珈辰老师的英语优质课获市级一等奖；邵晓国老师执教的综合实践活动课《纸的妙用》获省级一等奖……姚莲彩、步青帮、韩高峰、邵晓国等数十位教师的百余篇论文、案例、教学设计分获国家、省、市级一二等奖或在公开期刊上发表。姚莲彩校长荣获省中小学教师教育专家、市师德标兵、区三八红旗手等称号，裴瑜老师被评为洛阳市首届中小学名师，朱军红副校长被评为区优秀教育工作者，杨晓艳老师被评为区优秀教师，张娜、王俊鹏、赵静慧老师被评为涧西区德育工作先进个人……长长的荣誉榜，凝聚着英语学校教师们无悔的付出，更记录着大家丰实的收获。

　　用一颗热爱教育的心，和学生一起探索前进的路；借一双智慧的翅膀，带学生在知识的海洋遨游；种一粒美好的种子，让学生开出美丽的花朵。当我们以破茧成蝶的姿态面对自己的教育事业时，我们便拥有了更为广阔的发展空间，就能在更加高远的天地里，领略教育世界的无限风光。

提升学校文化品位，实现英鹰自由飞翔

2013 年，我校确立了"英鹰文化"这一文化主题，从此我校走上了学校文化建设的漫漫长路。

作为校长，在对学校文化的探索过程中，我有着诸多的思考和困惑。我们的"英鹰文化"体系已经建立，但内涵还不够丰富完善；我们的情智课堂、成长课程还需要深入探索实践；学校各个点上的工作还需要一个面的衔接……我一直期待着能有更专业的引领、更有力的支持，让我们的文化建设之路走得更通透、更顺畅。2014 年 9 月，北京师范大学美丽园丁洛阳教育项目"学校文化建设提升"子项目正式启动，我校荣幸地成为五所实验学校之一。优质的平台，高精尖的专家团队，榜样学校的示范带动，让我充满信心与动力带领着我的团队，加快在校园文化建设方面的前进步伐。

在互动交流中提升认识

从最初的摸索前行到如今的初具规模，得益于各位专家的引领和帮助，使我对学校文化有了更为深刻明晰的认识。

学校文化是学校发展之魂。学校文化是办学历史的积淀，精神追求的凝结。建设学校文化，要传承和弘扬学校的精神之魂，它决定了学校文化的高度、深度和力度。我校的校魂是"志存高远，奋发有为"，为弘扬这一宝贵的精神财富，我们将它凝结在"英鹰文化"之中，体现在"自信自立，致新致远"的校训之中。

学校文化是学校教育之源。学校课程只有基于学校文化，才有源头活水，从而不断地丰富、完善。我们的"成长课程"根植于我校的"英鹰文化"土壤之中，致力于为每一个孩子健康快乐地成长提供适合的教育，培养具有国际视野、自信自强精神、勤学敏行能力、向善向美品格的雏鹰少年。

学校文化是学校教育之场。有文化的学校一定有自己的气场，走进去，就会看到、感觉到它的真实存在，充满激情，洋溢智慧，展现自我，凸显个性，励人奋进。这就是学校文化的最高境界，它存在于有形无形之中，存在于你我的真切感受之中。

一次次的专家入校，一次次的外出学习，让我思考着、收获着、实践着、改变着。

在专家引领下改进完善

每一次专家的入校指导，都是我最期盼的时刻。我渴望聆听他们的真知灼见，更迫切地希望每位专家能对我们正在进行的学校文化建设进行甄别、做出诊断,并给出具体的操作方案。

2014年9月,北师大美丽园丁项目组专家一行4人第一次来到我校。北师大亚太实验学校徐向东校长对我校的"英鹰文化"给予了充分肯定,同时也给出了文化体系要细化、环境建设要符合学生生活的建议。

随后,我们开始了生态化校园的建设。栽种树木,装点花卉,做到四季有绿、三季有花。我们建起小小情智园,修建起池塘、喷泉和假山,种植桃树、李树等果树和各种农作物,饲养了鸽子、兔子等各类小动物,形成了一个完整精致的小小生态圈。成立种植、养殖兴趣小组,让孩子们亲身体验种植、养殖的快乐,培养他们的爱心与责任心。形形色色蓬勃生长的生命,使整个校园焕发出勃勃生机。

2015年6月,专家组第二次入校指导。北师大奥林匹克花园小学董仕峰校长对一些细节提出了自己的看法。他说:"文化来源于地域和传承,要深入挖掘现有资源,结合本土文化与学校特色来构建学校文化。学校育人目标要简明、规范,'生态课程'要考虑如何与'英鹰文化'相匹配。"

经专家指导,我们先将学校文化建设的重点放在美化校园上,力求让校园具有生命力,成为孩子们流动的课堂。我们对校园整体进行了立体式绿化,为每一种植物附上简介,让学生了解相关知识。我们还结合洛阳地方特色种植牡丹,使整个校园生机盎然。我们多次召开会议，对学校的文化体系进行探究，并邀请多位教育专家共同参与讨论，使得学校文化体系框架愈加清晰。

在12月23日的第三次入校指导中，徐向东校长对我校初步成型的文化手册和楼面文化设计提出了十分中肯的改进意见和建议，为我们下一步的工作指明了方向。

接下来，我们完善了"英鹰文化"体系，进行了校园文化提升建设：教学楼外墙上的巨型壁画，寓意深远，诠释着学校的教育理想；鲜明的英语学校校徽，象征了英语学校的历史缩影和英语学校人的崇高理想与不懈追求；活泼可爱的鹰娃，代表孩子们快乐成长，努力成就最好的自己；精美的三风一训组合立牌，突出了学校严谨治学的教育理念；校园里的八个人偶，彰显着学校的育人特色；教学楼门楣上的成长目标，激励着每一个英语学校学子拼搏进取；校园科技长廊——"英鹰科学院"，融知识展示和科学实践于一体，彰显着科技的无穷魅力。2016年7月，《中国教育报》还以《学校文化的生成与力量》为题，对我校的英鹰文化进行了报道。

2017年5月，我们又迎来了项目组专家张雅林老师，对我校英语特色和英语教学进行专项指导。张老师听汇报、听评课、作专题讲座，整个培训扎实有效，对学校特色发展和教师成长很有帮助。

将专家的建议化为实践、付诸行动，不断地推倒重建，不断地摸索尝试，让我们的学校文化建设之路开始走上坦途。

第一篇　治校方略

在外出学习中探秘取经

专家们高屋建瓴的见解，让我深深感到自己对于学校文化知识的匮乏。我希望能有机会走出去，深入到文化建设的前沿学校，看一看理想中学校文化建设的现实模样。

2014年12月20日，北师大组织五所项目学校校长到北京参观学习。这次北京之行使我大开眼界，尤其是亚太实验学校的课程文化给我带来巨大的冲击，也让我更加明确了学校文化建设的方向。他们的三级课程完全根植于学校教育的土壤之中，逐步实现了课程的优质化、精品化、校本化，提升了课程建设的品质，实现了教育的高质量。

此时，我校的课程体系建设正处在完善之中，亚太的成熟经验为我们提供了学习的榜样。英语学校的教育理念，是要为每一个孩子的健康快乐成长提供适合的教育，给予学生"飞翔的勇气"和"进取的力量"。为此，我们架构了完备的"英鹰成长课程"体系，包含学科知识达标课程、品行养成活动课程、个体成长提升课程三大分支，细化为九大类100个学习课目。三大类课程相互配合、互为补充，共同促进学生"健康、文明、智慧、尚美、国际"五大核心素养的提升。

我们通过"四有四动"情智教学来落实学科知识达标课程。我们的"四有四动"情智教学具有"三四五

32"的鲜明特点。课堂上，教师"心中有爱，眼中有情，脑中有法，口有妙语"，学生"小脸生动，小眼灵动，小手会动，小嘴开动"。生动、灵活、有趣的情智课堂，成为课程目标顺利实施的主阵地，也成为孩子们健康快乐成长的大舞台。

我们利用个体成长提升课程来拓宽孩子们的学习空间。先后打造了英鹰模联社、英鹰科技社等16个校级精品社团，以及"大家说法""科技梦工厂"等42个年级趣味拓展课程。所有课程免费开放，学生可以选择自己喜欢的项目进行每周半天的学习体验。我们坚持每年开展"四大主题节日"全课程活动，为孩子们搭建了展示才艺和提高能力的平台。

我们通过品行养成活动课程来促进孩子们道德品质的提升。借助品德课、德行课等德育课程提升学生的道德素养；通过国旗班、小警队等学生团体实现学生的自我成长；积极开展实践活动，拓宽德育的广度和空间。启动道德银行电子银行系统，更加便捷地帮助学生培养存储好习惯。目前我校学生已经初步养成遵守规则、小声说话、轻声走路、文明礼貌、热爱公物的好品行。

2015年4月，在北师大组织下，我来到美丽的贵阳。北师大贵阳附属小学"每一颗星星都闪亮"的教育理念，观山湖区贵师附小"水文化"主题的系列探索，都让我深切感受到，在学校文化建设中，文化的顶层设计至关重要。它是学校文化之魂，是学校发展的目标和方向。结合我们的"英鹰文化"，我产生了以"每一个英鹰快乐飞翔"为核心理念和顶层设计的想法。我希望以此引领我校文化体系的建构，寻找到一条可以长期走下去的学校发展之路。

同年 10 月的厦门之行，又让我产生了新的思考。这次参观考察的厦门市双十中学海沧附属学校和北师大厦门海沧附属学校，都采取了合作办学的模式，实现了大步跨越式前进。尤其是北师大厦门海沧附属学校实施国家课程校本化、校本课程系列化、课程整合模块化，满足了学生的成长需要。

我想，虽然我们没有那样优质的大环境，但是改变现有的课程模式，实施更有利于学生发展的教育，是我们能够借鉴和尝试的地方。经过反复讨论，共同商议，我们最终决定在体育学科首先推行模块化教学。

我校共有专职体育教师 6 人，我们发挥邱瑞、孙毅老师的足球特长，每周为每班上一节足球课，主要侧重于足球专业知识学习和足球技能训练。发挥张竞帆和申君轶老师的形体、健美操、啦啦操特长，每周为每班上一节体育艺术课，对学生进行形体训练，提高学生的艺术修养。余下的体育课，由其他体育老师按照教学常规上体育基础课，主要进行队列、基本技能、体育达标等方面的练习。体育模块化课程取得了令人满意的效果。专业化的教学使老师们更能发挥自己的特长，教学起来得心应手。活动化、趣味化的课堂让孩子们有更充分的时间强健体魄、培养技能、发展特长。如今的体育课已经成为孩子们最喜爱的课程。

模块化教学的成功经验，让我产生了活动课程化的灵感，于是，我们的第一届国际文化节应运而生。

我校的英语特色建设已经走过了十七年的历程。在成功举办了十四届英语节的基础上，我们开发了英鹰走五洲国际文化节系列活动，希望以此实现每个英鹰了解世界、自由飞翔的梦想。第一届文化节的主题是国旗，每个年级选择一个洲，每个班选择其中的一个国家进行研究。我们要求各学科围绕活动主题开发课程，制定方案，共同探究。于是，孩子们在语文课上了解国旗的来历，讲述国旗的故事；数学课上进行国旗相关数据的测算；英语课上学习用英语简单介绍国旗；音乐课上欣赏国歌，了解其特色音乐、乐器、舞蹈；美术课上手绘国旗；科学课上了解国家的地理位置等特点；计算机课上利用网络查找资料，制作电子小报；体育课上了解不同国家的传统体育项目……在一系列的模块化课程中，孩子们的知识水平不断增长，创新意识和创造能力也得以充分展现。

2015年12月25日，我们举行了国际文化节大型展示活动。各国国旗展示、五大洲特色文化展演、跨国文化交流……这些新奇好玩又长知识的活动，在校园里精彩上演。不少来宾也兴致勃勃地参与其中，和孩子们一起尽享快乐的文化之旅。

2016年9月，我校朱媛媛副校长赴新疆克拉玛依市进行校园文化考察学习。北师大克拉玛依附属学校的"六化""四园"文化，克拉玛依第二小学的"和美"

教育，雅典娜小学的"博雅"文化，都给了我们学习和借鉴的地方。学校要进行文化建设，必须立足于实际，充分挖掘学校内部的文化因子，准确定位，提炼精髓，亮出自己的特色。同时，还要有高远的视野，博大的胸怀，才能博采众长，兼收并蓄。在文化建设方面，着眼于将来发展制定规划，长远布局，有序推进，才能全面构建具有鲜明个性特色、充满文化氛围和深厚底蕴的校园文化体系，引领学校向更高层次迈进。

2017年3月，我随项目组来到宁波和嘉兴进行访学。宁波学校的热情大气，嘉兴学校的高端丰厚，每一所学校的文化都特色鲜明，亮点颇多。这让我又有了新的想法，新的思考。回来后，我们结合洛阳地域特点及历史文化，按照洛阳建都的朝代选取了十余首有代表性的洛阳诗词，精心制作了古诗文化屏，让校园又添缕缕书香。盛放孩子们的梦想瓶的梦想城堡、巨型LED电子屏、学校信息展示墙……正在紧张建设之中，相信不久之后能够呈现给大家更多的精彩。

两年多来，在与北师大专家的互动学习中，在一次次的考察实践中，我对校园文化建设的前景更加明朗。我们构建了"英鹰文化"体系和"英鹰成长课程"，制定了学校发展三年规划，制作了精美的文化展示册，实现了校园的绿化、亮化和美化。我校成为首批"洛阳市全面示范特色学校"，连续两年在教育部"一师一优课"活动中位居洛阳市第一。我们的孩子在全球英语大赛中获得金奖，我们的选手登上了央视少儿频道的大舞台，我们的足球队在省级比赛中获得亚军……在各级各类活动中，我们的小英鹰们表现出色，大展风采。良好的声誉，突出的成绩，吸引了来自全国各地的教育团体到我校参观交流。《中国教育报》《辅导员》《河南一校一品研究》《洛阳晚报》等多家报刊先后百余次报道了我校的各项教育教学活动，引起巨大社会反响。

学校文化建设是一项巨大的工程。我们所做的一切，都是为了孩子们的健康成长。相信有了北师大这一优质平台，我们的"英鹰文化"一定能够独树一帜、别具特色，我们必将实现"每一个英鹰快乐飞翔"的教育梦想，让我们的孩子都能从这里坚实起步，振翅远航！

第二篇

管理经验

英语特色，助力英鹰展翅飞翔

洛阳市涧西区英语学校始建于 1973 年，前身为中信重机公司第四子弟小学。由于英语特色突出，1999 年 10 月，经洛阳市教委批准更名为洛阳市涧西区英语学校。2008 年 6 月正式划归涧西区政府。学校现有一校两区，在职教师 79 人，学生 1600 余名。师资力量雄厚，现有省市教育专家、市区特级名师及名师近 10 位，市区级骨干教师 18 位，20 余位教师获得过市区级"优秀教师""优秀教育工作者"等荣誉称号。

从一所薄弱学校到今天领航洛阳市的旗舰学校，英语学校的发展腾飞，是从走英语特色之路起步的。

我们今天所处的时代，是以知识共享为前提、创新意识为特点的知识经济时代。在全球一体化的国际大背景下，英语作为与世界各国沟通交往的语言工具，日益受到人们的重视。社会对英语人才的需求量越来越大，家长对子女学习英语的期望值越来越高。英语学得好坏，已经关系到一个人未来的发展，代表着一所学校的竞争力，甚至影响着一个国家的国际形象。

1998 年，结合学校英语师资力量强，英语教学成绩突出等有利因素，本着充分挖掘学生的英语潜能，提高英语素质的理念，我们涧西区英语学校确立了"创建学校英语文化，打造英语特色品牌"的办学目标，在全市小学率先提出了创办英语特色学校的设想，并以此为切入口，不断深化教育教学改革，推动了学校的素质教育持续向纵深发展。19年来，我们通过打造高素质的英语教师团队，开展高水平的英语教学，举办高规格的文化节日，创建高素养的模联社团，让英语学校的英语特色之路，走得步履坚实，走得一路花开，一直走向无限广阔的未来。

高素质的英语教师团队

在洛阳市所有小学中，我校的英语教学师资条件可以说是最优越的。在10位英语教师中，有1名硕士研究生，8名本科生，1名专科生。优质的教育基础确保了老师们能更快地吸收前沿教育理念，更好地开展英语教学活动。为了提升教师的英语教学水平，我们采用自我提高、专门培训和外出学习相结合的多元学习模式，一方面鼓励教师自学自修，一方面组织教师参加各类英语师资培训，还经常派教师到外地、外校观摩学习，开阔视野，积累经验。2009年以来，在市教育局的大力支持下，我校多名教师远赴加拿大、英国等英语国家或到北京、上海等国际大都市学习，提高自身教育教学水平，为我校英语特色建设注入了新的活力。2009年秋季，我和学校当时的英语教研主任丁淑敏老师赴加拿大布兰登大学进行为期两个月的英语学习培训。这次异国之行让我大开眼界，在英语教学方面学到了很多东西，也有了很多新的想法。随后，我校英语教师段晓静、刘珈辰、李晓婵于 2010 年秋季赴加拿大布兰登大学进行为期三个月的英语语言与教学理论专业培训。英语教师吕燕苹于 2011 年 9 月赴英国布莱顿大学进行为期三个月的英语语言和教学理论培训。英语教师马俊峰、王艳萍等先后到北京外国语大学等国内著名高校进行脱产学习。近期，我校教师邱瑞刚刚结束在英国的培训，回到学校开始教学工作。在不断历练中，这支超强的英语教师团队，都已成长为学校英语教学的精英骨干。英语组教师执教的数十节优质课在国家、省、市获奖，撰写的四十余篇教学论文在各类竞赛中获奖或在教育教学刊物上发表。

高水平的英语教学

在长达 19 年的英语教育教学实践中，我校逐步实现了小学英语教学的"四化"，即小学英语教学标准化、英语教育系统化、学校发展国际化、环境氛围特色化。

学校实施英语特色教育的核心内容是实施标准化的英语教学。我们首先在一至六年级全面开设英语课，安排了充足的课时作为保障，使孩子们有更多的时间感受英语、学习英语。在教材选择上，通过对教材内容的前瞻性、开放性、实用性、知识容量，特别是口语交际能力等方面对比分析，我们慎重选择了外研社出版的《新标准英语》，一直使用至今，为实施英语特色教育奠定了扎实的基础。我们还以口语化、交际化、实用化、人文化、趣味化等为原则，组织老师及专业人士编写校本教材，先后编写了《英语口语交际六十句》《英语口语交际复合句三十句》《每日英语》《英语口语训练手册》《校园英语》等，形成了比较系统和全面的教材体系，方便师生学习交流。

我校英语课堂教学最显著的两大特点是"活"和"实"，它们相互促进，相得益彰，使课堂呈现出自主、生动、高效的局面。在实践中，老师们创造出了多种行之有效的教学方法。例如一、二年级的动感教学，教师们把精彩的趣味游戏引入课堂。如"猜猜游戏"——猜东西、猜颜色、猜数字、看口型猜单词、看动作猜单词、看表情猜单词、听声音猜人物等，还有"开火车、找朋友、听音表演、听音画画、听音模仿、手疾嘴快找单词、踩地雷说单词、小和尚念经学课文、bingo 填空"等游戏，使课堂活泼灵动，学生兴趣高涨。三、四、五年级教师普遍采用情景教学法，利用"设置情景学习语言—创设情景运用语言—回归生活拓展语言"三个主要环节，来营造生动的学说英语的氛围，让学生轻松习得英语知识。六年级教师则运用五步教学法，即自学新知—合作探究—操练巩固—情景运用—拓展提高，有效调动了学生自主学习的积极性。课堂上，同学们踊跃发言、大胆表演、流利交际，都让人感动不已。

学校多年来一直聘请外教对师生进行英语培训，师生共同学习，共同提高，并自觉把英语融入师生的日常生活之中。来自澳大利亚的心理学家 Meliz 女士和来自美国的 Luisa 女士，出于对中国和中国文化的热爱，主动要求到英语学校当义工，免费为孩子们教授英语。

我们理想的英语学校，当是一座英语的乐园，在这里，师生人人讲英语，爱英语，校园时时洋溢着学习英语的浓厚氛围，处处展现出英语交流的别样风采。而这一切，仅仅依靠英语课堂是远远不够的。我们试图寻找一条更有效的途径，让学校的特色之路走得更远。学习语言贵在习、贵在用，必须给同学们开放足够的时间和空间，让英语随处可见、随时可闻。于是，我们想到了开放课堂，向其他学科渗透英语，让英语走进学生们的日常学习与生活中。为此我校确定了双语教学目标：开展双语交流，强化双语学习。我们制订了详细的双语教学方案，申请加入了洛阳市政府命名的首批双语实验学校，加大了双语教师的培训力度，开发了两本双语教学校本教材，派遣了七名双语教师到加拿大布兰登大学进行专业语言学习。从双语教学学科的选择、教学内容的确定、教学方法的选择、教学评价的研究，到教学结果检测方法的改进，事无巨细，我们一步一个脚印走了过来，已整整走过了 12 个年头。我们的双语教学走入了健康教育、品德与社会、体育、电脑等多个学科的课堂，带给孩子们更加丰富的英语学习体验，形成中西交融的特色学校文化，为学校特色建设提供了广阔的发展空间，取得了突出的成绩。

为了充分发挥评价的激励及导向作用，我校教师积极参加了教育部"小学英语课堂教学评价"项目实验，探讨使用了许多行之有效的评价办法。如在课堂教学评价方面，实施了小组竞赛、加分评价、成果树、口头及体态语评价、知识渗透式评价、评价表、奖牌及实物评价等；在家庭作业评价方面，使用了展示评价、累计加分评价、家长评价、学生自评、小组互评等；在阶段性评价方面，通过发放喜报、写表扬信、短信及博客交流、章节自我梳理等进行评价；期中、期末利用一体化手册进行综合性评价。此外，学校每学期都要组织由家长担任考官的大型"考试节"进行知识评价，坚持开展教师、学生、家长共同参与的"口语"考试来全面检测学生的英语能力和水平，进行交互式评价。新颖的评价形式，丰富的评价内容，让孩子们充分感受到挑战的乐趣与成功的喜悦。

学校还努力创设良好的英语氛围，通过环境浸润，让英语走进孩子们的生活。清晨踏入校门，你会听到孩子们一声声稚嫩而流利的英语问候；英语角的"每日一句"，供所有师生共同学习；早读时间，每个教室会传出整齐而响亮的英语晨读声；升旗、集会及各种活动均由学生双语主持；学校红领巾广播站定时播放孩子们自己编排的英语节目；校刊上每期整版刊出师生共同采编的英语版面；校园内大小标识牌均使用英语，每一座建筑，甚至每一个台阶上都有一句激励性的英语格言；学校的英语墙彰显特色，内容丰富；班级门牌、课程表均用英语书写；黑板报上有英语角；墙上有英语园地……为给学生提供施展聪明才智的机会，我们还定期组织学生自写、自编、自画英语墙报、英语宣传栏、手抄报、英语广播稿等。各年级的学生们在英语老师的带领下，自己成立编辑小组，自己收集英语方面的材料，自己制作精美的英语小报。小组内成员分工明确，在大厅、教室、橱窗里展示自己的才华和风采。这一切，营造出浓郁的语言氛围，让孩子们零距离接触英语，时刻感受英语的魅力。

高规格的文化节日

如花的五月，欣欣向荣的季节。英语学校的校园里到处洋溢着明媚的气息，校园英语节正在如火如荼地进行着。琅琅的英文经典诵读，生动活泼的英文歌曲赛唱，各具特色的英文手抄报展览，富有童趣的英语课本剧表演，别具一格的西方文化讲座，妙趣横生的英语脱口秀……这一切，都让全校师生沉浸在英语节浓浓的异域文化氛围里，为这美好的春天增添了生机与韵味，也让每一个走入校园的来客驻足流连。

自 2001 年起，我们已成功举办了 14 届校园英语节。英语节是我校一年一度的盛会，届届主题不同，期期全员参与，学校鲜明的办学特色，孩子们优良的个人素质在英语节的活动中得到了充分的体现。英语节期间，英语学习的快乐飘洒在校园的每一个角落，孩子们有更多的机会运用英语、享受英语。在活动中，孩子们感受着异彩纷呈、神奇美丽的英语世界；在活动中，孩子们体验着成功的喜悦，品尝着收获的果实，认识到自身的价值，更坚定了大家学好英语的信念。

自2015年起，我校将原有的英语节升级为国际文化节，至今已经举行两届，分别为"鹰娃走五洲"国旗篇和美食篇，反响巨大。比如第一届国际文化节以了解各国国旗为切入点，活动期间，一年级了解自己的祖国——中国，其他各年级分别选择一个大洲，每个班选择相应大洲中的一个国家进行国旗文化研究。我们的语文、数学、英语、体育、音乐、美术、科学、电脑八个学科分别结合自己学科的特点设计相关课程，开展富有特色的学习活动。在一系列的模块化课程中，孩子们的知识水平在同步增长，创新意识和创造能力也得以充分展现。最后，我们还举行了大型展示活动，孩子们围绕本班所研究的国旗文化元素，用板报、服饰、口号等不同形式向全校师生及来宾展示自己班级的研究成果，并采用五洲文化展演的形式，展示不同地域、不同国家的文化艺术特色。我们还为孩子们印制了"护照"，让他们可以到各个"国家"去游历。此时的校园，分五大洲布置成五个展区，亚洲、大洋洲、欧洲、美洲、非洲，不同楼层有不同的天地。每一间教室都代表着一个国家，走进去，就走进了一个陌生的国度，走进了文化的海洋。动感悦目的英文海报、精彩生动的视频演示、内容丰富的手抄报展览、一对一的跨国文化交流……学完了知识，就可以在护照上对应的国家盖个章，孩子们学得开心，玩得快乐。

第二届国际文化节，我们以"Learn Culture Enjoy Food Love Life（学习文化　享受美食　热爱生活）"为主题，分年级、班级开展了丰富有趣的文化实践活动。各年级各班首先明确了自己的研究对象。一年级研究中国，每个班级选择中国的一个省进行饮食文化探究。二到五年级分别对应五个大洲，每个班级选择其中的一个国家作为研究对象，了解这个国家的概况和饮食文化。通过这次活动，让孩子们有机会对五大洲的饮食文化进行深入的探讨，并且将自己的研究心得与大家一同交流分享。孩子们在调查研究的基础上完成两张任务单，然后班级、年级、校级逐级交流，增加对各国文化的了解。随后，我们开展了"舌尖上的世界"小小发布会，在各班展示的基础上，每班选出两名"美食新闻发布官"走上前台，通过不同形式介绍所选国家的概况和美食研究情况。激情演讲、情境表演、劲歌热舞、相声小品、PPT展示、美食大放送……孩子们以生动丰富的形式，对自己所研究国家的特色美食进行了全面介绍。从食材来源、制作过程，到食用方法、餐桌礼仪，还有营养分析，现场美食分享。我们的热心家长们也参与到交流观摩活动中来，为孩子们当评委、做美食，搞好现场服务。现场气氛十分火爆，台上台下互动热烈。本次活动还通过云平台进行了现场直播，老师和同学们可以在手机及电脑终端观看活动盛况。孩子们不仅吃嗨了，玩儿嗨了，还在活动中了解了其他国家的饮食文化，开阔了国际视野，增强了跨文化意识。这样的活动，更让我们看到学生无限的潜能——只要给他们一片天空，他们就能呈现出美妙的彩虹。

高素养的模联社团

我们的学生社团英鹰模联社，是学校英语特色建设中的一大亮点。模联社的孩子们，都是各班选出来的英语学习热情高、口语水平强，并乐于在语言活动中提升自己英语素养的优秀学生。模联社每周定期以模拟联合国会议的形式开展活动，学生全程运用英语口语对国际热点事务展开讨论，形成决议，提高了自己的英语素质，开阔了学生国际化文化视野。

1998年至今，我们一步步走来，由原来的开设学前实验班、一二年级段的英语实验班，发展到一至六年级全面普及英语教学；由原来的三个专职英语教师，发展到现在的十名专职英语教师。1999年，在涧西区特色学校认定中，我校免检成为首批特色学校。2005年，我校成为洛阳市首批实验性示范性学校（全市仅四所），更是把我校的英语教学和科研活动推向新高。2008年，我校成为洛阳市首批双语学校。我校的英语教学成效显著、硕果累累。在中央电视台"希望之星"风采大赛、阳光谷杯美国拼字大赛、河南省小学生综合技能展评、洛阳市"中华魂"英文演讲比赛等活动中，我校学子表现优异，每年都有数百名学生获奖。我校学生邓一凡、马正阳、陈语曦、李名悦同学在"21世纪杯联合国青少年大使大赛"中获得全省十强，邓一凡同学在第3届"国际英语大赛全球总决赛"中斩获金奖。我校学生以扎实的英语基础，在各个初中的招生考试中表现突出。在历年的二外招生考试中，我校学生屡创佳绩，先后有500多名学生被录取，有50多人取得学费全免的好成绩。我校5位英语教师执教的21节录像课在全国获奖并随教材发行，多次面向省市做示范课和经验交流。在教育部"一师一优课"活动中，我们共有七节英语优质课获得部优奖励。我校先后与英国的玛丽瑞安小学、新西兰的弗里曼湾小学签约成为友好学校，在与国际接轨的道路上又迈出了一大步。

风雨兼程，收获梦想，我们仍将在英语特色之路上携手共进，用我们的心血和智慧，努力演绎出更多的精彩。英语学校师生，终将走出国门，走向世界！

聚焦发展科技特色，努力提升科学素养

一所好的学校，应该给孩子们提供一个舞台，让他们在这个舞台上展示才能，张扬个性，发现自我价值，最终全面提升自己的综合素养，为未来的发展打下良好基础。而涧西区英语学校的教育理念，就是通过发展学校特色，挖掘学生的天性和潜能，引导学生做学习的真正主人，在潜移默化中获得能力的提升和成长，让每一个英鹰快乐飞翔。

现代科学技术的飞速发展，使科技与我们的生活联系日益密切。科技教育，能有效地将基础课程、拓展学习和实践探究完美整合，实现从知识到能力，从理论到实践，从接受到创造，从学习到生活的转化与沟通。为此，在20年打造英语特色的基础上，我们于2013年选择了发展科技特色这一全新生长点，一方面通过普及科学课程和开展校园科技活动，激发学生爱科学、学科学的兴趣，提升学生科学素养；另一方面努力营造智能科技氛围，展现科技魅力，领略科技带给现代社会的便利，为学生开启智慧人生。

一、提升科学教学站位　制定科学发展规划

发展科技特色，首先要提高大家对这项工作的认识。当今世界，科技发展一日千里，特别是智能世界的到来，让每一个人都深刻感受到科技与我们的生活密切相关，不懂科技寸步难行，不懂科技就是新时代的文盲；目前各国的竞争表现为综合国力的竞争，主要还是科技的竞争，因此科技强国，科技助推中国梦实现已成为新时代发展的新要求；今天的小学生是未来祖国建设的主人，他们的生活需要，他们的历史担当，强烈要求他们从小学好科学，提高自己的科学素养，为他们的继续学习和终身发展打好坚实基础。通过学习培训，我们让老师们懂得，在小学扎实开展科学教育的重要性和急迫性，从而以高度的责任心和勇于担当的精神，聚焦发展科技特色，以此引领推动科学教育在我校的扎实开展。

为此，我们成立了特色学校建设领导小组和特色学校建设实施小组，制定了《创建科技特色学校三年发展规划》，确立了科技特色发展总目标和阶段目标，以及具体实施策略。

规划总目标：

1. 有效提高我校师生的科学素养，确保位于洛阳市前列；

2. 争取能在洛阳市范围内打响科技创新教育品牌；

3. 争取拥有代表市区参加全省乃至全国的科技创新方面的比赛资格；

4. 着力培养 2~3 名优秀的科学专职教师；

5. 培养三十位左右拥有较强创新意识的学生，并指导他们在省市科技创新比赛中获奖。

规划阶段目标：

规划按学年分为三个阶段，具体目标如下：

第一阶段：2015 年 9 月—2016 年 7 月

1. 争取成为洛阳市科技创新比赛实验基地；

2. 创建校园科技馆，使之成为我校对外的科技窗口；

3. 建立两个科技活动基地：一个是科技创新活动制作基地，一个是机器人制作和体验基地；

4. 参加洛阳市第五届科技创新比赛，争取获得优秀团体奖；

5. 参加省、市机器人制作比赛，力争获得二等奖（以上更好）。

第二阶段：2017 年 9 月—2018 年 7 月

1. 争取在我校举办洛阳市第七届科技创新比赛和市机器人制作比赛；

2. 争取能邀请到省内知名专家来校举办讲座或科学研讨活动；

3. 创办鹰娃科学院；

4. 创办一份《鹰娃学科学》内刊；

5. 参加省、市科技创新比赛和机器人制作比赛，成绩更进一步；

6. 搞好与兄弟学校的交流活动。

第三阶段：2018 年 9 月—2019 年 7 月

1. 争取承办一次洛阳市科技创新比赛或机器人比赛；

2. 争取承办一次市级以上的科学观摩或研讨活动；

3. 争取在市、区的帮助下，提升我校科技馆和科技创新制作基地的品位，丰富科技活动；

4. 争取在洛阳市科技创新比赛中获得团体前三名；

5. 争取在省级报刊发表学校科技创新活动的长篇通讯；

6. 争取打造一支在市级及以上有影响力的科学教师团队。

自此，我们通过项目引领，科研推动，开始按部就班地按照规划进行阶段实施。

二、优先配备科学教师　创建专业教学团队

科学教学的有效实施关键在于教师。小学科学课程的内容包括：物质科学、生命科学、地球与宇宙科学、技术与工程科学四个领域。要胜任科学课教学，老师必须具备丰富的专业知识，要通晓物理知识、化学知识、生物学知识、信息技术等，还要有组织实验教学的能力、科学探究的能力、开发教学资源的能力、制作模型创新实验的能力等。如此高标准的要求，使得学校领导必须优先配备科学教师。为了选配好科学教师，姚莲彩校长亲自挂帅担纲科学课教学管理，以身示范亲自任教科学课教学。姚校长在大学时学的专业是化学，曾在中学教

过六年化学，扎实的专业知识和丰富的教学经验，使她教起科学课来得心应手。由于教学成绩突出，她被评为省学术技术带头人、省课程改革先进个人、省教师培训先进个人、省教育教学专家，市优秀教师、市优秀教育专家等。姚校长还任命了专业知识丰富、动手制作能力强、学习钻研新知识快的教导处步青帮主任主抓科技特色建设和科学课教学。步青帮老师执教的科学课多次获得省市一、二等奖，目前步青帮主任还担任市兼职科学教研员，多次在科学教师培训会上做讲座和经验交流。学校还优先选择配备了王俊鹏、石佳欣和刘学锋三位教师专职任教科学课教学。王俊鹏老师大学时主修物理，在中学教过多年物理课，她的专业使得她的课生动有趣，特别受学生喜爱，目前她也是市科学兼职教研员。她执教的课多次在全国、省、市获奖，她还经常在全市科学教师培训会上执教示范课。石佳欣老师虽是数学专业出身，但从事科学教学近二十年，她热爱科学教学，潜心钻研业务，她的课也多次在省、市获奖，她辅导的学生多人次在全国创新实验中获奖。刘学锋老师在大学学的是计算机专业，一直任教计算机教学，2017年根据教学需要转行教起了科学，他的加入使得科学教学团队如虎添翼。专业化、高素质的科学教学团队，使得我校的科学教学一开始就在高的起点上进行，有力推动了科学特色的扎实开展。

三、积极参加科学培训　努力提高专业水平

以培训促进教师专业水平提升,以培训引领科学特色快速发展。为了全面提高我校科学教师队伍的业务能力,除了进行校内情智课堂培训外,每次遇到外出听课、学习的机会,学校都大力支持,提供条件保障。每次省、市教研室组织的培训活动,我校都积极派科学老师参加。除了省内的培训学习外,姚校长还先后组织科学老师到江苏、上海、深圳、昆明等地参加培训学习。在昆明举行的全国科学教学优质课比赛上,我校3名科学教师前往观摩学习。步青帮、王俊鹏两位老师还参加了教育部组织的科学国培教育,石佳欣老师也参加了市里的科学专项培训。

四、深入开展教学研究　努力提升教学效果

1. 上好科学课、实验课

小学科学是一门基础课程,对学生科学素养的提高至关重要。上好科学课,是创建科技特色学校的重要一环。我校严格按照课程标准开齐开足科学课,确保科学课的开课率。每学期初,科学老师按照教学计划认真备课,写好教案,上好每一节课,确保学生学有所得。我们要求实验课必须在实验室进行,要让学生人人动手操作。我们还按照大象出版社出版的教材中对学生实验的要求,列出了各个年级、各个学期的分组、演示及必做、选做实验目录,明确了实验所需的仪器和用品,并将实

验目录下发到所有科学老师手中。学校还将实验目录做成展板，放在实验准备室醒目的位置，时刻提醒科学老师按照实验目录和计划完成实验教学任务。

2. 大胆创新教学方式

我们鼓励科学教师积极改进教法，大胆创新课堂教学方式，充分利用社会资源和校园环境中的科技元素，实行开放式上课。课堂上，老师会把学生带到教室外、操场上、花丛中，了解校园里的绿植，寻找春天的足迹，感受四季的特征。市科技馆、科普基地，学校里的气象观测站、科学文化墙、科技角、种植园、养殖园，都是我们触摸科学的课堂。在这里，科学老师引导学生细心观察、仔细思考、总结归纳、认真记录，通过身边可以触摸的科学教育元素学习身边的科学，了解科学来自生活，科学为生活服务的目的，更好地实现科学教育的目标。

3. 积极参与教学研究

为了提高科学学科的教育教学质量，科学组的老师们还积极参加市、区组织的教研活动，沟通、交流区域之间的科学教学研究经验，取长补短，提高科学教师的教育教学水平。同时我们经常开展学校内部的学科教研，促进科学学科校本教研活动的常态实施。五位科学教师经常在一起研讨教材、设计教具、改进教法，交流课堂教学中发现的问题及对策，探讨实验课该怎么上才能更有利于学生动手操作能力的培养等。我们坚持课题引领，主持了"科学课中自主探究课的课堂教学模式研究"等课题，承担了"小学科学创新实验活动对小学科学教育教学工作推进的研究"的项目研究，有效促进了我校科学教师的科学素养、科研能力和教育水平的提高。在扎实的学科教研活动中，大家丰富了自己的理论知识，吸收了先进的教学理念，确立了课改的新思路、新办法，提高了课堂教学的效率。

五、强化科学环境建设　丰富科学学习资源

1. 生态化的校园环境提供了丰富的学习资源

2013年9月，区政府耗资700余万元为我校建设的新教学大楼投入使用。有了高标准的教学条件，更要有高雅的教学环境来彼此映衬，才能相得益彰。如何让校园再绿起来、亮起来的同时突出科技特色？怎样能让校园也成为学生学习科学的有效资源？我们一直在思考着，寻找着。恰逢我们正在如火如荼地进行校园文化建设，于是，"生态化校园"这个新名词就跳入了我的脑海。

我带领相关人员，本着丰富种类、四季常绿、四季有花、果实丰富的原则，亲自深入园林公司的田间地头选择我们心中的绿植，使我校的绿植种类达到30余种。随后，我们又在学校大门顶上、教学楼上进行了立体化种植，并安装了喷淋管道，解决了高空浇灌的问题，还有效节约了浇灌用水。我们还投入5万元，在学校东北角开辟了一方小小情智园。情智园集养殖和种植于一体，园内有桃树、杏树、梨树、葡萄树和苹果树等果树，韭菜、西红柿、茄子、豆角等蔬菜，还养殖了金鱼、乌龟、

兔子和鸽子等小动物。孩子们在园中照料植物、喂养动物，或在情智园外阅读、散步，空中白鸽飞舞，园内果实盈枝，池中莲花盛开、鱼儿戏游，充分展现了人与自然和谐相处的美好画面。把果园和菜园搬到学生的身边，硕果累累见证了孩子们的文明素养，最重要的是让学生亲身经历种植和养殖的过程，培养了他们科学观察、爱护花木、共享成果的习惯。经过四年多的悉心管理，如今我校的绿化已经成为全区学校绿化的典范。生态化校园，更为科学教学的开展提供了更广阔的空间。

2. 先进的仪器室、实验室成为优质教学的保障

为了开展好科学实验教学，我们利用新建教学楼的契机，重新规划建设高标准的实验室、准备室、仪器室等，做到布局合理，面积达标，使用便捷。实验室配备了水电到位的实验桌，安装了多媒体教学系统，各类试验器具准备齐全，室内环境整洁优美。仪器室内，我们自筹资金3.5万余元，其中1万元定制了12组蓝色的仪器柜，盛放科学仪器；另花费1万余元，购置10组铁皮柜，盛放数学用具和部分科学仪器；最后投入5000余元，购买盛放仪器的收纳盒、收纳箱，制作仪器柜柜号、柜签、仪器台签等，为开展实验教学提供了充分的保障。

3. 科技长廊让学生与科学亲密接触

为了进一步发展我校的科技特色，提高科技活动的互动性，我们经外出考察、学习取经，在教学楼一楼东侧南北走廊建设了一个校园微型科技馆——科技长廊。在这里，有人类科学发展进程的详细介绍，种种科学现

象的真实展示，各类科学知识的生动讲解。我们还购置了大量新颖有趣、便于操作的科学设备和科学仪器安装在走廊内，让大家动手动脑，学习科学知识，体验科技魅力。今天的科技长廊，已经成为我校科技特色的窗口，成为英语学校师生走进科学、探索科学的殿堂。

4. 科学回音壁搭建交流的平台

在我们英语学校教学楼一楼的走廊上，有一面神奇的墙，学生们称它为"科学回音壁"——只要把你不懂的科学问题写在纸上，贴到这面墙上，很快你就会得到答案。设立这面科学回音壁的初衷，就是想给孩子们搭建一个交流的平台，鼓励孩子们在学习生活中发现并提出有价值的问题。在提问的同时，同学们也可以回答其他人的问题，在这个过程中，学生会主动查阅资料、思考问题，从而其思维能力、想象能力、学习能力都得到了锻炼。为了激发大家的积极性，我们还设立了金问号奖和金钥匙奖。科学老师和小志愿者们定期将学生们的问题收集起来，整理分类，评选出最有价值的问题和最佳答案，予以奖励。科学回音壁极大地激发了孩子们对科学的兴趣，每天放学后，这里都人头攒动，讨论热烈，成为校园一道亮丽的风景线。

六、积极开展社团活动　提高科技探究兴趣

我们在个体成长提升课程中专设科学拓展课程，从学生的兴趣和成长的需要出发，成立了多个英鹰科技社团，包括种植社、养殖社、气象观测社等。2017年我们

花费近 3 万元创建了校创客工作室。颜色靓丽的桌凳，漂亮的壁挂式置物架，功能齐全的工具和微型锯床、钻床，3D 打印机和打印笔等满足了学生的需求，创客社团也开展得有声有色，深受学生喜欢。学校还成立了机器人社团，学校出资购买器材，选拔了有能力、有专长、有梦想的老师组成辅导团队，在三到五年级学生中间广泛招募社团成员，每周利用课余时间开展活动，并积极参与各级比赛。2018 年 4 月 22 日参加了洛阳市第六届青少年机器人知识竞赛；5 月 5 日赴郑州参加了第 18 届河南省青少年机器人竞赛；5 月 19 日参加了洛阳市电教馆组织的机器人比赛，均取得了优异成绩。

七、持续开展科技活动　　提高实践创新能力

为了培养学生的创新精神和实践能力，使学生得到全面发展，我校努力为学生搭建科技创新的平台，开展丰富多彩的科技活动，营造创新气氛，提升师生的科学素养。

我们的校园科技节已经举办了七届，每届主题不同，形式多样，活动丰富，全员参与。无论是低年级的亲子项目，还是高年级的创新体验，都吸引着孩子们投入其中，爱科学、学科学、用科学，让科技之光闪耀校园。为了办好每一届科技节，我们积极优化比赛方案，选择能引起学生兴趣、便于动手动脑的活动项目；选拔热心此项活动、有一定指导能力和动手能力的学科老师，成立科技节"科技中心"，搭建答惑解疑的平台；开设

"金点子吧",将师生的灵感公布在这里,同时鼓励有巧妙创意的学生在"金点子吧"交流自己的想法,带动大家积极思考,改善自己的制作计划和实验方案;设置"展示中心",利用学校大厅的展示台展示学生精美的科技作品,供全校师生参观学习,同时让优秀选手介绍自己的作品,演示自己的设计,让更多的学生感受科技创新的魅力。校园科技节的有效开展,使我校学生在洛阳市举办的科技创新比赛上连年获得优异成绩,学校连续获得优秀组织奖和团体奖。

2018年4月16日下午,洛阳市中小学第八届"大象杯"科技节启动仪式在我校成功举行,我校河洛文化"研学游"活动启动仪式也同时进行。市教研室贾大庆副主任、涧西区科协张南彦主任等领导和来自县区的二百余位科学教育同仁参加了本次活动。河南蔻航教育科技有限公司的航空科普巡演现场助兴。洛阳市中小学第八届科技节项目介绍现场会上,对本届科技节的活动流程和活动项目做了具体安排。科技节总顾问张健老师用精心制作的模型,结合课件对项目进行了细致的讲解,并现场答疑。英语学校的研学活动号角也已吹响,行中学,学中行,根植于中华传统文化的沃土,依托科学化、系统化研学课程的灌溉,必将逐渐长成一棵跨文化体验式教育模式的参天大树。

5月29日下午,"2018年全国科技工作者日"暨"涧西区2018年小学生科普成果展及科普大讲堂"活动在我校成功举办。此次活动主要分成果展览和科普讲座两部分。科技成果展展出了涧西区 28 所学校的科技教育成果，与会人员认真观摩学习。科普讲座由洛阳市科普专家、学术技术带头人李春老师主讲，主题是《探究食物颜色的变化》。他带着同学们通过互动问答、观看视频、动手实验、观察实践，发现食物颜色变化的奥秘。这次活动，进一步激发了孩子们学科学、用科学的兴趣，也让校园的科技氛围更加浓厚。

八、坚持开展科技共建　科学之花处处盛开

为了积极响应市教研室科技学校共建的号召，深入推进小学科学教学改革，普及科学教育，提升广大青少年科学素质，我校先后与汝阳、瀍河、栾川、洛宁等地的四所小学签订了《科技学校结对共建协议书》。自建立共建关系以来，我们着眼学校科技发展的长远要求，立足现实，基于科学教师的专业成长，以促进学生的科学素养为根本，开展了一系列共建交流活动，取得了一定的效果。

2016 年，姚莲彩校长带领老师们两次来到汝阳上店镇中小学送教，并与该校潘建伟校长共同探讨共建工作，就学校科学教育教学活动的开展进行了深入探究，在互相了解的基础上确定工作重点，相互协调，制定帮扶措施，保证了帮扶工作顺利开展。为了加强两校教师之间的沟通和交流，我校多次邀请汝阳上店镇中小学骨干教师和科学教师到我校参观听课。我校的所有课堂均对来访老师开放，让他们自主选择，多种方式听课，相互探

讨、学习交流。2017年4月19日，我校邀请汝阳上店镇中小学的十余位学生来到我校，参观了我校的校园文化和科技长廊，和我校的学生结成了"城乡手拉手互助伙伴"，互赠礼物，共同上课；还组织他们观赏牡丹，到洛阳市科技馆学习体验，让乡村的孩子感受到了科技的魅力和科技的力量。

2017年9月30日，我校开展了第七届科技节活动暨小学科学大象版教材实验研发基地第二实验区研讨活动。我校邀请共建学校的领导和骨干教师参加了这次活动。通过观摩科技节活动、听科学课展示，更加坚定了共建学校走科技之路的信心和决心。

2018年5月17日，栾川县第五实验小学赵海娟校长一行10位教师带领8名学生来到我校，开展科技共建活动。五实小的师生代表参观了我校科技特色建设成果，参观了校园科技馆，与我校8位学生代表举行了结对仪式，并共同上课，一起交流。5月24日，我校老师代表在姚莲彩校长的带领下，到栾川县第五实验小学进行送教活动，贾璞老师、王俊鹏老师和潘砚鑫老师为栾川县第五实验小学的师生送上了语文绘本课、科学课和英语课。姚莲彩校长还和五实小的赵校长就学校管理和科学学科建设等方面进行了交流。

6月12日，姚校长带领步青帮、邵晓国老师，和洛阳爱创机器人、蔻航教育一起为汝阳上店镇中心小学送去了科技大餐，为上店镇中心小学的科技节增光添彩。首先是步青帮老师为上店镇中心小学的学生带去了一节科学课，让学生体验到了科学实验的魅力；接下来姚校长为上店镇中心小学的学生进行了捐赠；爱创机器人和蔻航教育分别进行了机器人展示和航模展示，精彩的展示吸引了学生的眼球，有效提升了他们学习科技的兴趣。

　　近年来，我校的科技特色创建工作，在市区教育局领导的关心指导下，在我校全体教师的协作努力下，得到了长足发展，取得了优异成绩。我校先后被评为河南省科技特色学校、洛阳市科技特色学校、洛阳市教育教学装备与实验室管理先进学校、"玩中学科学"全国实验课题先进学校、洛阳市科学教育先进单位、涧西区实验室管理先进学校，连续五年获得洛阳市科技创新比赛团体优秀奖。姚校长和步主任多次被评为市实验室建设先进个人。在洛阳市第26届计算机创客挑战赛上，我校代表队获得二等奖。在洛阳市2017年"大象杯"学校科技节活动暨第七届科技创新比赛中，我校参赛的32名学生全部获奖，其中一等奖11个、二等奖11个、三等奖10个，学校斩获科技特色学校、科技创新比赛优秀团体奖、科技共建先进学校三项殊荣。2017年我校还被评为省科技特色学校（全市仅三所）。

　　在各级各类科学优质课大赛中，我校教师屡创佳绩。姚莲彩校长身先士卒，多次执教科学示范课、研讨课，并斩获多项大奖。她执教的科学优质课《马铃薯在水中是沉还是浮》获得省、市一等奖，《传热比赛》获得省二等奖、市一等奖，《燃烧是怎么回事》获得市一等奖。在2015—2017年教育部"一师一优课　一课一名师"

活动中，姚校长连续三年获得部优，王俊鹏、步青帮、石佳欣等老师的课获得部优、省优奖励。在全国科学优质课比赛活动中，王俊鹏老师的课获全国一等奖；在河南省实验教学优质课评比中，步青帮老师的科学课获一等奖；在洛阳市举办的科学实验优质课活动中，姚校长、步青帮和王俊鹏老师的课均获一等奖。近年来，我校科学老师共有 20 余节课获得国家、省、市级一、二等奖。

  路漫漫其修远兮，发展科技特色永远在路上。今后，我们还将进一步提高科学课的教学效率，抽出时间开展科技拓展课程；建立种植养殖园地，聘请农科所专家为学生普及种植养殖知识，提高技能；发展四模一电，引进并开展 STEM 课程，提升学生科学素养等。我们将努力用科学为孩子们插上翅膀，让他们在未来更加广阔的天空里，快乐起舞，自由飞翔！

破解校园足球三大难题的"英语学校 429 模式"

我校于 2015 年被确定为全国青少年校园足球特色学校。三年来，我校以"健康第一，立德树人"为宗旨，以"激情足球、智慧足球、快乐足球"为理念，以"有利于促进学生体质健康，有利于提高学生运动技能，有利于培养学生健全人格"为准绳，积极发展校园足球特色，取得了三年迈上三个台阶的辉煌成绩。如今我校学生每周都能上一节专业足球课，每天都能参加一次阳光足球大课间活动，每学期都能参加一次"校长杯"足球班级联赛，每年都能参加一次足球嘉年华活动。我校足球队 2015 年获"区长杯"乙组冠军，2016 年获"区长杯"甲组亚军，2017 年获"市长杯"季军，在各级比赛中获得了 20 多项荣誉，年年被评为省级足球特色学校。

成绩的背后是艰辛的付出，我们的校园足球建设经历了诸多困难与挑战。师资短缺、场地匮乏、师生家长参与性不强，是我校发展校园足球项目所面临的三大难题。为此，我们多方寻求解决方案，最终形成了破解我校校园足球三大难题的"英语学校 429 模式"，实现了校园足球的华丽转身。

难题一：师资短缺，校园足球教学力量严重不足

破解招式：四种渠道，打造专业教学团队

要落实足球教学的目标和任务，首先必须建设一支专业的教学团队。我们通过以下四种渠道建设我们的足球教学队伍。

1. 在职人员——定向培训

在职教师孙毅热爱足球运动，有一定的足球功底和带队经验，我们重点让他参加多种培训，先后参加了全国青少年校园足球初级指导员培训、全国青少年校园足球体育骨干教师国家级专项培训等，现已成长为一名专业的足球教师。

2. 专业人才——提升培训

邱瑞老师曾是建业梯队的专业球员，对足球具有高度的热情和丰富的实战经验。我们重点让他参加提升性培训。邱老师现在是中国足球协会 C 级教练员、全国青少年校园足球夏令营优秀教练员、河南省校园足球讲师团优秀讲师，2017 年还赴英国参加了为期三个月的校园足球专业培训。

3. 外聘人员——岗位培训

聂志刚老师是我校外聘的足球教练，已在我校带队训练近四年时间，特别专业和敬业。我们让他和学校的足球教师一起进行教研、培训、学习，如今他已获得足球 D 级教练员资格。

4. 体育教师——校内培训

我校共有专兼职体育教师7人，我们通过召开专题教研会，进行足球专业技能培训等活动，实现人人懂足球、人人会踢球、人人能教足球。我校教师执教的两节足球优质课获得市一等奖、一节获得区二等奖。

如今，我校两位在职足球教师主要负责足球课教学、足球队建设、校内比赛和活动，聘请的专业教练主要负责校足球队的常规训练和比赛，全体体育教师重点对学生进行足球大课间的教学。

难题二：场地匮乏，缺少合适的训练场所

破解招式：因地制宜，内外联动强化练习

因地制宜建设足球场。开展校园足球运动必须有合适的场地和充足的经费保障。为了能有一个专业的训练场所，在我们多方共同努力下，2014年暑假，区政府投资48万余元为我校建成了专业的5人制足球场，我们还为每一个学生购置了一个足球，同时用一些爱心人士捐赠资金为学生购置了比赛服装和器材。

主动结盟，外借资源，解决场地不大的问题。如今的足球赛制多种多样，5人制、7人制、8人制、11人制，不一而足。我校场地有限，只能进行5人制比赛，怎么办？我们就带领足球队走出校门，与东方三小、西苑路小学、东方一小等足球特色强校进行友谊赛，一方

面提高了队员的实战技术,另一方面让球员适应了各种不同赛制的打法。

难题三:参与度低,师生家长对足球运动缺乏正确认识

破解招式:全员行动,校园足球深入人心

受传统观念影响,很多家长认为踢足球的人头脑简单四肢发达,是学习成绩不好的孩子才会做出的选择。更多的家长则担心足球运动过于激烈,容易使孩子的身体受伤。老师们也觉得把校园足球放在如此重要的位置,会冲淡正常的教育教学,影响办学质量。为了克难攻关,我们成立了强有力的领导小组,强化责任,分头给老师和家长作专题培训,进行强力推进。我们还通过以下九种方式,提高了大家参与的积极性。

1. 校长引领带动

校园足球的发展,首要责任在校长。一个懂足球的校长,才能打造一所有生命力的校园足球特色学校!作为一名年过半百的女校长,我依然充满着动力去推进校园足球的发展。我积极参加各级培训,提高自己对校园足球的认知力和领导力;经常深入足球课堂,跟老师们探讨教学方法;校足球队每次外出比赛,我都会到现场为孩子们加油打气;在教师足球比赛中亲自上场踢球,给大家做出表率……我的努力,得到了大家的认可和效仿。

2. 班主任强力推进

班主任每天与孩子们朝夕相处，他们对足球的态度，在一定程度上决定了一个班级对足球的态度。我们通过强化培训，举办班主任足球赛，评价激励，提高班主任的激情和干劲，把班主任培养成校园足球建设的中坚力量。

3. 家长积极参与

校园足球要发展壮大，必须依托广大家长的力量。我们通过塑造典型，让家长看到踢球孩子的前途是光明的，从而放心地把孩子参与进来。足球队员们每天都要训练到晚上七八点，家长们总是耐心等候，从无怨言。每逢比赛，家长们主动报名接送参赛队员，为孩子们做好服务。每学期我们会组织家长参与各种足球比赛，学期末还会进行足球队优秀家长的评选，让家长们也积极投身到校园足球的发展建设中来。

4. 上好每周一节体足课

在体育课教学中实行模块式教学，是我校课堂教学改革的一个创举。我们从课程入手，改变现有的体育课结构，首创了"1＋X"模型课。我们将每班的体育课分为三类：体足课、体艺课、体基课，由不同专业特长的教师来执教。

我们创新体足课，创建"EPUS"体足课堂。包括四个环节：游戏体验（Experience），发现问题；情景练习（Pratting），学习技术动作；实战运用（Using），掌握动作要领；感悟分享（Sharing），互相取长补短。按照年级段不同，侧重点也有所不同。低年级旨在感知足球，培养兴趣；中年级强化练习，掌握技能；高年级重在训练实战能力，提高足球品质。我们的"EPUS"体足课堂基本功训练扎实到位，课堂活动特色鲜明，成为孩子们最期待、最喜爱的课程。

5. 开展好每天的阳光大课间活动

我们从学生的心理和生理特点出发，将丰富多样的趣味足球项目纳入大课间活动，开发了足球大课间 1.0 版——玩转足球，2016 年又提升打造了 2.0 版——快乐足球。经科学测试，学生在整个足球大课间课程中的练习密度、强度、难度适宜，具有较高的艺术性和观赏性。2017 年 12 月 19 日，洛阳市素质教育现场会上，我校代表涧西区进行了阳光大课间展示，得到了市、区领导及来宾的高度评价。

6. 举办好每期的"校长杯"足球联赛

班级足球联赛是激发学生足球热情，提高参赛水平，增强班级凝聚力的最佳方式。我校高度重视每学期的"校长杯"足球比赛。制定方案，组织报名，进行班主任、裁判员培训，开展比赛，总结表彰……每一个环节都认真做细做实。大家参与的热情一年比一年高，比赛的形式越来越多样，技术水平也年年上新台阶。如今班级足球联赛已经成为我校学生最盼望的比赛。

7. 举办好每年的"足球嘉年华"活动

每年夏季，我们会举行盛大的"足球嘉年华"活动,将足球运动与各个学科进行有效融合。如在语文课上开展"我与足球"征文比赛;数学课上测量、计算足球的体积、重量;英语课上介绍喜欢的球星,学习足球比赛常用语;音乐课上学唱有关足球的歌曲;美术课上画一画"我心中的足球";电脑课制作足球活动电子海报;科学课开展创意足球活动……我们还组织了有趣的足球亲子活动和师生家长共同参与的足球比赛,将足球的魅力和运动的快乐传递给每一个人。

8. 进行球队分级训练

我校足球队的选拔标准,是身体素质好、学习成绩也比较优异的学生。我们的教练员也坚持做到训练和学习一起抓。每天训练之前教练员都会询问队员一天的学习情况,训练结束后都会叮嘱孩子们认真完成作业。在校队训练方面,我们尝试引入小足球俱乐部发展模式,按年龄不同对学生进行三级训练。三位教练对大、中、小三支球队每天固定时间进行分层训练,带队参加不同年龄段的比赛。由于重视了梯队建设,我校的足球队一直后继有人,始终保持着很好的战绩。

9. 积极参加各类足球比赛

我们积极组织学生参加各级各类比赛,以赛促练,实现快出人才,出好人才。三年来,我们先后获得全国青少年校园足球特色学校、河南省校园足球特色学校,并在省校园足球现场会上做经验交流。2017 年 10 月,中央电视台三套还专门到我校进行了校园足球方面的专题采访。

比赛中我校人才辈出。在省"一校一品"特色评估活动中，我校队员郭佳航被评为希望之星；在"迎春杯"比赛中，多名队员获得最佳射手、最佳球员、最佳守门员称号；王亚男、聂延熙、金俊志、张灏楠等队员凭借足球特长和过硬成绩进入了理想的中学，为足球人才梯队建设做出了应有的贡献。

三大招式，破解了校园足球的三大难题，也让我们的校园足球特色之路走得坚实有力。足球梦是中国梦，足球梦也是英语学校梦！体验足球热情、享受足球乐趣、挥洒激情活力，我们的校园足球，仍将满载着希望和梦想，继续出发，一路向前！

"四轮联动"让孩子们在享受评价中幸福成长

我在学校担任校长已经 25 年，我深知由于学校地处城乡接合部，家庭条件及生活水平参差不齐，给学校办学带来了先天不足。我更清楚在小学阶段培养学生的学习兴趣、养成良好的行为习惯，对孩子的终生发展最为重要。为了实现立德树人，培养全面发展的社会主义事业的建设者和接班人，为了让偏远学区的孩子也能享受到优质教育，成为自信自立的雏鹰少年，我校确立了以"抓习惯培养，促进良好品行养成"作为突破口，以此来带动学校特色发展，实现全面育人。为此我们制定了"立德树人，以德导行，赏识激励，乐享成长" 16 字德育工作目标，明确了"24 个好习惯，68 个好行为"的养成教育主要内容，创建了好习惯电子银行，探索实施了"四轮联动"赏识评价，初步实现了让孩子们在享受评价中幸福成长，也为破解养成教育中存在的内容空泛、缺乏系统、训练不够、合力不足、评价单一的难题，做出了我们的积极贡献。

一、培养 24 个好习惯

经过反复研讨，我们选择了小学阶段学生应该养成 24 个好习惯，每个学生每个学期着重养成两个好习惯。为此学校编印好习惯养成记录册，促进学生好习惯的养成和强化，并把阶段评价结果计入好习惯电子银行，根据习惯的养成和保持情况加减分，家长和老师共同参与评价。

学期	学习方面	生活方面
一年级上	上课认真听讲	整理书包，有序摆放
一年级下	做好课前准备	举止文明，轻声慢步
二年级上	按时完成作业	正确三姿，健康成长
二年级下	养成读书习惯	主动问好，乐说谢谢
三年级上	合理安排时间	自觉排队，遵守规则
三年级下	上课积极发言	注重个人、公共卫生
四年级上	及时预习复习	勤俭节约，珍惜资源
四年级下	学会查阅资料	整理房间，生活自理
五年级上	乐于探索实践	感恩父母，承担家务
五年级下	善于规划学习	爱护公物，不乱刻画
六年级上	敢于质疑有自信	助人为乐，快乐自己
六年级下	独立思考有主见	认真两操，积极锻炼

二、养成 68 个好品行

为了规范学生每日言行，促进好习惯好品行养成，我们根据学生年级不同，制定了 68 个好品行项目和评价方式（见表1）。

表1　68个好品行项目和评价方式

年级	类别	好品行项目	评价方式
一年级	学习	1. 按时上交作业，做到不忘带，不少写 2. 上课认真听讲，积极思考并回答问题 3. 读书写字姿势正确	使用"荣誉大厦"评价激励，每两周将荣誉大厦内的红花以相应的分值加入好习惯银行，分级设置奖品。一级当值日班长一天，二级当老师小助手一天，三级免写作业一次，四级得到奖品一件，五级得到证书一张、超级礼包一个
一年级	纪律	1. 上学不迟到，有事需请假 2. 遵守课堂纪律，不乱下座位 3. 上下楼梯靠右行，不在走廊内、楼梯间打闹、奔跑 4. 升旗时，做到肃立，认真聆听讲话	
一年级	卫生	1. 按时认真完成分配的值日任务 2. 能主动捡拾周围垃圾 3. 注重个人卫生，桌面干净整齐，抽屉里无杂物，桌下无垃圾	
一年级	品行	1. 对人有礼貌，团结同学，不打架，不骂人 2. 为人善良，乐于助人。 3. 有集体意识，不让班级扣分	
二年级	学习	1. 认真做好课前准备 2. 上课认真听讲，积极发言 3. 作业按时完成，并且干净整齐，准确率高 4. 读书、写字姿势正确	使用"荣誉大厦"评价激励手段，并与好习惯银行相结合。每两周，可将荣誉大厦内的红花以相应的分值加到好习惯银行内，分级设置奖品
二年级	道德与生活	1. 参加升旗仪式，穿校服，肃立，队礼标准，唱国歌严肃、准确、声音洪亮的好习惯 2. 讲究卫生的习惯 3. 整理自己物品的好习惯 4. 养成爱护公物的好习惯 5. 养成良好的安全习惯 6. 守时惜时的习惯 7. 懂得感恩的习惯	
二年级	思维	1. 勤于思考，积极发表自己的见解	

续表

年级	类别	好品行项目	评价方式
三年级	学习	1. 上课认真听讲，积极发言 2. 课前认真预习，课后及时复习 3. 积极参与小组合作学习 4. 其他良好学习习惯	四人小组进行考核评价，每周汇总一次，按标准进行相应奖励和扣减，合计后存入好习惯银行
	道德与生活	升旗礼仪 1. 按时到场 2. 统一着装、脱帽行礼 3. 原地肃立、声音洪亮 4. 认真聆听、尊重他人 热爱运动 1. 认真做两操 2. 上好体育课	
	思维	勤于思考，积极发表自己的见解	
四年级	学习	1. 上课会听讲，善于思考，积极发言，敢于质疑 2. 各科作业保质保量完成，及时订正 3. 乐于在生活和学习上帮助学困生	小组、老师、家庭等多种评价方式相结合，进行考核评价，每周汇总一次，按标准进行相应奖励和扣减，合计后存入好习惯银行
	纪律	1. 无故迟到，每次扣1分 2. 遵守班级公约及校规，一周不违反各项规定，加5分 3. 两操违反纪律，扣1分 4. 升旗或大型活动中，表现良好，遵守纪律，加1分，反之扣1分 5. 上学、放学路队遵守纪律，加1分，反之扣1分	
	卫生	1. 按时值日并且劳动认真的值日生，加1分。反之扣1分 2. 班级桌椅摆放整齐，加1分，反之扣1分	
	活动	积极报名参加班级和学校活动（包括社团等），加1分	
	好人好事	根据好人好事的大小，加1~5分不等。	

91

续表

年级	类别	好品行项目	评价方式
四年级	家庭生活	1. 自己的事情自己做，得到家长的认可，加1分 2. 懂感恩，主动承担家务劳动，得到家长的认可，加1分	
五年级	学习	1. 上课会听讲，善于思考，积极发言，敢于质疑 2. 各科作业保质保量完成，及时订正 3. 乐于在生活和学习上帮助学困生	小组、老师、家庭等多种评价方式相结合，进行考核评价，每周汇总一次，按标准进行相应奖励和扣减，合计后存入好习惯银行
	纪律	1. 无故迟到，每次扣一张卡 2. 遵守班级公约及校规，一周不违反各项规定，加两张卡。违反一次纪律，扣一张卡 3. 两操违反纪律，扣一张卡 4. 升旗或大型活动中，表现良好，遵守纪律，加一张卡，反之扣一张卡	
	卫生	按时值日并且劳动认真的值日生，加一张卡，反之扣一张卡	
	活动	积极报名参加班级和学校活动（包括社团等），加一张卡	
	好人好事	根据好人好事的大小，加1~5张卡不等	
	家庭生活	1. 自己的事情自己做，得到家长的认可，加1张卡 2. 懂感恩，主动承担家务劳动，得到家长认可的，加1张卡	
六年级	学习	1. 课前准备好物品，保持安静，等待上课，没有做到一次扣1分 2. 认真完成作业，按时上交作业，不能按时交作业的扣1分，缺做少做的扣0.5分，作业优秀的加1分	

续表

年级	类别	好品行项目	评价方式
六年级	学习	3. 学校组织的考试综合前十名加10分，11～50名依次加5～3分 4. 平时小测满分的加1分	小组、老师、家庭等多种评价方式相结合，进行考核评价，每周汇总一次，按标准进行相应奖励和扣减，合计后存入好习惯银行
	品行与纪律	1. 按时（上午7：50之前，下午2：20之前）到校，无故迟到，也没有请假，扣1分 2. 课间要轻声慢步，出现追逐打闹扣1分 3. 校园场地狭小，为了避免伤害，课间不玩篮球，不踢足球，发现扣1分 4. 主动帮助老师，主动关灯、锁门等关心班集体的行为，加1分 5. 课堂上要安静认真听讲，积极发言，不会倾听、乱说话的扣1分 6. 集合路队，按时到达，做到快、静、齐的，加1分。 7. 公共场合聚会，如升旗等，要保持安静，若有喧哗打闹的扣1分	
	卫生	1. 值日生按时到校打扫卫生，无故迟到一次扣1分，两周基础分为3分 2. 讲究个人卫生，桌面干净，抽屉物品摆放整齐，地面无杂物，脏乱的扣1分	

三、坚持实施四轮联动评价

（一）开发使用《六年一体化小学生成长手册》，进行全方位阶段评价

2001年开始的新课程改革，把评价放到了促进学生

全面发展的重要地位。其导向、赏识、激励、促进的功能，对于学生的健康成长具有至关重要的作用。我校借鉴学生成长的特点，将传统的《学生手册》加以改良，经过反复研讨修改，编印了我们的《六年一体化小学生成长手册》。

1. 手册介绍

在这本小小的册子里，有学生每一年度的个人档案，记录着孩子的基本情况，包括年龄、身高、体重等身体素质指标，以及爱好、特长、喜欢的师长与同学、信守的格言警句、我的自画像等个性化内容；有每一学期的学科课程学习情况表，对各学科的学习成绩采用优、良、合格、待提高的等级评价；有每一学期的综合素质发展性评价表，设立十项指标，以自评、组评、师评、家长评等多元评价形式，对孩子的思想品德、学科学习、身体素质、生活习惯等各个方面的表现予以综合评定，并与期末优秀学生和优秀毕业生评比挂钩；留言板里，有教师寄语、家长寄语和学生心语栏，赏识和放大孩子的优点，诚恳地指出其不足，激励孩子更好地努力前行；"我最得意的答卷或作品"，把孩子成功的精彩瞬间定格成永恒；"回头看一看"，记录着孩子们成长的足迹，盘点着自己的点滴收获……六年下来，这将是孩子一份宝贵的成长档案，更是一笔巨大的精神财富。经过一段时期的试用，并做了进一步的完善和细化之后，我们的《六年一体化小学生成长手册》全面投入使用，从2002年至2020已有18年的时间，取得了良好的效果。

2. 手册使用

在操作中，包括教师、家长、学生及同伴在内的评价主体对照评价标准，根据该学生实际达到的程度在评价结果栏中用画星的方法来表示。如果该生该项做得最好就画三颗星，较好就画两颗星，一般就画一颗星，最后统计共获得了多少颗星，就可以比较清楚地知道该学生的长处、不足及总体评价如何。这种表现形式简单、清楚、明了，很受学生欢迎。为了充分发挥评价的激励作用，根据每个学期的评价结果，每学期末学校都要评比表彰特优生（即获得 120 颗星的学生）、优秀生（即获得 90 颗星以上的学生）、进步生（即增加 30 颗星以上的学生）、优秀毕业生（即年年获得优秀生的毕业学生）。对于获得以上荣誉的学生，学校都将颁发喜报，并给予物质奖励，以此促进学生继续努力，不断进步。

自实行六年一体化发展性评价方案以来，我校学生均能自觉地按照新的评价方案的要求，严于律己，奋发努力，全面发展。学校里具有良好思想品质和行为习惯的学生越来越多了，努力发展特长、争取进步的学生也越来越多了，校园里呈现出生动活泼、积极进取的良好风尚。因为其科学性和独创性，我们的六年一体化成长手册还获得了河南省教育教学成果一等奖。

（二）借助"道德银行"，进行全程性跟踪评价

在德育工作中，我们以"道德银行"为载体，以学生中"文明行为和道德善举"为内容，以"银行储蓄"为手段，以"榜样教育"为途径，以"激励提高"为目

的，对学生的道德行为进行全过程跟踪式评价，让整个校园洋溢着文明和谐之情，使我校的德育工作迈上了一个新台阶。

1. 建立组织

我们的"道德银行"以大队部为总行，推选大队长为总行行长，各中队为"道德银行"的分行，推选一名同学为分行行长。各分行自行组建若干储蓄小组，推选工作认真、责任心强的同学为储蓄小组长。"道德银行"以"良好行为习惯储蓄"为储蓄内容，从学生的礼仪、明理、学习、纪律、卫生、爱护公物、爱校爱国7个方面进行考评，旨在对学生的文明行为进行自我教育、自我激励，强化孩子做好事的意识，激励学生从点滴积累的实际行动中提高自身道德素养，体验助人为乐的情感，培养关心他人、奉献爱心的良好品质。

2. 规范操作

我校"道德银行"于2010年全面启动。我们为全体学生印制发放了专门的"英语学校道德银行储蓄卡"，学生人手一册，每个账户有100元的储蓄币作为开户基金。学生个人或者集体做了好事，积极参加了各级各类活动，荣获了各类荣誉，或是根据学校、班级、家庭、个人养成教育重点培养好习惯，均可及时在账户中记载，存入相应的储蓄币，使分越积越多，德越积越厚。当学生违反了校纪校规，做出了有损集体或他人利益的事情，因个人行为造成了不良影响时，则从账户中扣除相应的储蓄币。

3. 总结表彰

我们"道德银行"的工作重点是培养学生的习惯养成，为此我们要求班级和任课老师要联合家长充分发挥"道德银行"的激励作用，要坚持以评价促养成，以活动促养成。为了配合"道德银行"的运作，在学生中营造积极向上的氛围，我校各班级还采用量化考核的办法，我们坚持每周自评、互评、师生共评和家长参评的形式，评出优秀学生给予奖励。学校"道德银行"每周、每月对全校各储户存款状况进行审查评优。各班级开展"习惯小富翁"评比活动，每周评选存款额度最高的学生为班级"习惯小富翁"，利用升旗仪式和光荣榜对其进行表彰，每月从中产生学校"十佳习惯小富翁"。我们还根据存款排名情况，对获得学校前 50 名的学生进行表彰和宣传。每月储蓄额高且没有在常规检查中被扣分的同学，将被评为"五星级文明学生"，并从中评出一名"星级标兵"，担任下个月学校的"好习惯"监督员。我们在校园内专门开设了"星级文明学生风采"宣传栏，对被评为星级标兵的学生进行表彰。

（三）以幸福赏识卡为新载体，进行过程性及时评价，促进学生成长

为了使全体学生能够得到及时关注，好的行为得到及时评价，使之不断强化，形成良好的习惯与品质。2011 年秋季，我校自主设计了幸福赏识卡，采用"幸福卡"奖励制度来推行德育教育，通过全员全程激励评价，让学生在幸福卡中享受快乐，促进学生幸福成长，

提高了德育的实效性。

1. 明确要求

我们要求各位班主任、任科教师和生活教师结合自己的工作岗位，制定切实可行的"幸福卡"使用办法。规定每位教师在使用"幸福卡"时，至少 50% 应用于激励学生良好的卫生习惯、文明礼貌、按秩序行走和正确的读书、书写姿势等习惯的培养，以达到促进学生养成良好的卫生习惯、行为习惯、文明礼貌、热爱学习和积极参与各种活动的目标。

2. 规范操作

赏识的内容包括学习习惯、行为规范、劳动卫生、个人特长等诸多方面。只要在某个方面做得特别突出或有所提高，校领导、老师和所有学校工作人员就可以给其发放幸福卡，对孩子取得的成绩表示赞赏，鼓励孩子继续进步。

3. 及时总结

我们的幸福卡每月汇总一次，学生每累计获得 5 张"幸福卡"，可到班主任处换取 1 张"大幸福卡"，并由班主任向家长发送"幸福嘉奖短信" 1 条；每人累计获得 3 张"大幸福卡"，可到大队部换取"幸福嘉奖喜报" 1 张和 1 份小奖品；获得 4 张"大幸福卡"，可在校报上嘉奖 1 次。大队部每 2 周回收、统计并公布各班所获"幸福卡"的数量，根据各班所获得的"幸福卡"数量评选"文明班级"，颁发流动红旗。各班所获"幸福卡"的数量将作为期末评选"优秀中队"和"先进班集体"

的重要依据。学期末评选"优秀队员""优秀学生"时,将依据每人所获得"幸福卡"的数量从高到低依次截取,不再投票评选,同时也将作为选拔"免试生"的重要条件。

(四)评选幸福免试生,进行阶段性综合评价

为了深化教育改革,推进素质教育,引导学生全面发展,鼓励学生学有所长,经校务会多次讨论,并经全体教师大会通过,我校从2012年起,在二~六年级语文、数学、英语学科试行"免试生"制度。凡我校二~六年级学生,每学期期中考试后,其语文、数学、英语三门学科成绩全优,结合幸福卡评价及日常表现,可以向班主任提出免试申请。各班根据学生本人的学习状况,经各任课教师的讨论通过,由年级组长汇总之后向教导处提交免试学生名单并附申报材料,每学期期末前由学校审核,确定名单,张榜公布。被评为"免试生"的学生,在期末考试中给予免试奖励。

1. 明确条件

我们规定每班可选出"幸福免试生"2名,评选要求为:学习态度端正,能够积极主动地学习,兴趣广泛;上课认真听讲,积极发言,有较强的求知愿望;按时完成作业,书写工整,正确率高;期末"幸福卡"总数排在班级前10名;平时检测成绩突出,每次名列班级前三名。同时每班还可评选"成功免试生"1人,评选要求为:学习努力,积极进取;上课遵守纪律,发言积极;按时完成作业,书写认真;期末"幸福卡"总数排在班

级前 10 名；平时成绩进步较大。

2. 隆重表彰

每学期期末考试前夕，我们还会举行隆重的典礼，对获得免试生的学生进行嘉奖。免试学生的家长也会受邀参加颁奖活动，和孩子们共享幸福时刻。

3. 不断完善

在免试生评价制度实施的过程中，我们也不断进行完善和改进。为了让更多的学生能够有机会被评为免试生，扩大免试生的影响力，从 2014 年 1 月开始，我们增加了免试生的名额和类别。幸福免试生从每班 2 人增加到 3 人，成功免试生从 1 人增加到 2 人，同时增加了语文、数学、英语学科的单科免试生，使每班的免试生人数从原来的 3 人增加到 8 人，大幅度提高了免试生制度的评价激励作用。

四、创建好习惯电子银行

我校德育处大力推行"好习惯电子银行"的使用，整合幸福卡和一体化评价手册等多种评价形式，共同促进学生良好习惯的形成。我们多次召开会议，组织进行"好习惯"银行评价措施、评价方式、具体操作方法的研讨和交流，制定出各年级好习惯养成目标及好品行评价目标，以及具体的实施措施。我们通过分年级细化习惯目标，层层递进，螺旋上升，培养学生的良好习惯。经过六年的系统化培养，使学生养成良好的生活、学习和思维习惯，为进一步学习奠定了坚实基础。分学科细化习惯培养，将习惯养成教育渗透于各学科的教学之中，让每一位教师都关注学生良好习惯的培养，全员参与，全面提升。学校、家庭、社会三位一体，合力培养学生良好习惯。

　　少成若天性，习惯成自然。我们的四轮联动赏识型德育评价体系的实施过程，其实就是对学习主体道德自主建构的帮助过程，是学生价值观念的转化过程。多年来，我们不断通过对德育价值、德育主体、德育过程的深刻理解，守望德育的内涵与本质，肩负起德育的时代责任，让孩子们在赏识评价中自我教育、自我提高、升华心灵、陶冶情操，成长为一个真正有道德的人，切实提高了德育的实效性与针对性，促进了学生身心健康成长，让德育成为一道最美丽的风景。今后，我们还将一如既往地突出"德育"这个学校教育永恒的主题，真抓实干，不断创新，为英语学校的发展谱写新的篇章，再创新的辉煌！

家校携手共同编织教育梦

　　家庭教育既是最初的教育，又是时间最长的教育。在人生各个阶段，家庭教育都对孩子的健康成长产生了重大的影响。家庭教育和学校教育对孩子成长来说同等重要，没有家庭教育的学校教育和没有学校教育的家庭教育，都是对孩子教育的缺失和缺位。只有家校携手共同编织教育梦，才能形成教育合力，推动学生的健康成长和学校的不断发展。我校早于20世纪90年代就成立了家长学校，1993年就获得全国优秀家长学校荣誉称号。在二十余年的发展历程中，我们积极开展家庭教育研究工作，不断在工作中实践，在实践中反思，在反思中提高，逐步形成了以"分层指导，关注成长，主题培训，活动育人"为主要特征的具有校本特色的家长学校模式，较好地把学校教育和家庭教育融合起来，提升了家长素质，有效地促进了孩子们的健康成长，促进了学校的均衡发展。如今，家长学校已成为我们大力实施素质教育、推动学校各项工作顺利开展的重要平台，也成为我们共同编织教育梦的重要舞台。

梦想一：夯实基础，携手育人

家校工作是一个系统工程，为了确保家长学校的有序运作，提高家校育人水平，我们重点从4个方面来强化管理、夯实基础。

1. 健全组织网络

学校认真贯彻《中共中央国务院关于进一步加强和改进未成年人思想道德建设的若干意见》的精神要求，建立和完善了家长学校的组织机构。学校成立了以校长为组长，副校长、大队辅导员、教导主任、各年级组长和班主任为成员的家长学校领导小组；建立了由16个公司和分厂组成的学校董事会，由关工委、妇联、共建单位的相关人士组成的学校关心下一代协会；成立了学校、年级、班级三级家长委员会和家长志愿者服务团队。家长学校各成员分工明确，每学年拟定家长学校工作计划，精心安排家长学校的各项课程，积极组织各类由家长广泛参与的活动，定期召开相关会议研究解决家长学校工作的重大问题和难点问题。

2. 完善规章制度

为了在工作中做到有章可循，有据可依，我们建立并逐步完善了家长学校管理的各项制度，如：《家长学校章程》《家长委员会章程》《家长学校家庭教育培训制度》《家长学校工作制度》等，并严格执行，做到了有组织、有领导、有制度、有计划、有资料、有活动、有辅导教师、有定期培训计划、有档案积累。为进一步加强家长学校的工作，学校将其纳入学校的德育工作计划、学校工作年度规划和班主任评估条件之中，从而保证家长学校顺利有效的开展。

3. 加大硬件投入

我校把学校报告厅作为家委会会议活动场所，同时各教学班为家长学校分教学场所，各班都配有多媒体、校园广播系统，在硬件上保证了家长学校的有效运作。学校自办报纸《校园之声》，每学期定期发放。每次家长学校开课时都专门印制有家庭教育资料免费赠送给家长朋友，以提高其育子的理论素养。

4. 构筑交流平台

学校教育必须和家庭教育联系起来，才能真正达到教育孩子的目的。在工作中，我们采用评价手册、家校联系本、校信通、微信公众平台，定期和家长进行信息互通，及时向家长反映学生在学校的有关情况，了解孩子在家庭中的表现；为了使家长能对学校各方面工作提出合理化建议，学校设立了校长信箱，认真听取家长的意见和建议，不断改进学校教育教学工作；同时我们还开通了"心灵氧吧""大嘴巴信箱"和"知心热线"，及时解决学生及家长的疑难问题，使教育教学工作进一步落到细处和实处；另外学校在校园网上专设了家校互动版块，把家庭教育的相关信息和活动及时上传到网上，以便于家长及时了解，互相学习、互相交流，共同教育好下一代。

梦想二：扎实培训，科学育人

我们努力创新工作特色，对家庭教育指导实施了"分层指导，关注成长，主题培训，活动育人"的教育模式，以提高家长学校工作的有效行和可操作性。

1. 主题培训

为更好地推进家长学校工作的全面开展，确保家庭教育与学校教育有机地结合起来，每学期期初和期末，我们都会以《家庭教育读本》为基本内容，结合学校的总体情况，制订详细的教学计划，利用校园广播、网络直播系统等媒介，进行比较密集的、面向全体家长的基础培训。这样的安排对家长来说是非常必要和及时的，一方面让家长了解学校本学期的工作安排和开展情况，另一方面向家长宣传党的教育方针政策，组织学习各类教育法规，了解先进的家庭教育理论，对家长的家庭教育进行指导。此外，我们还会邀请部分成功家长现身说法，介绍教子过程中的经验，交流自己的体会，使家长们清楚地认识到父母家人的言谈举止、情操修养、生活习惯等都无形地但又直接地对孩子产生很大的影响。

2014年9月，洛阳市涧西区委、区教育局在全区各校重点实施了德行教育活动。为了拓宽德行教育的渠道，夯实德行教育的根基，汇聚德行教育的力量，我校快速反应，启动了"德行教育进千家"系列活动，全体家长在会场上郑重宣誓：重视家庭德行教育，树立良好家风，用自己正确的思想、高尚的人格、良好的言行，建立民主、平等、和谐美满的幸福家庭。家校携手，成就幸福人生。2015年5月，我们的德行教育汇报展演活动吸引了数百名家长参加，一大批优秀家长和孩子一起接受了表彰。一系列活动，充分发挥了家庭在德行教育方面的主阵地、主渠道作用，实现了家庭和学校合力扎实推进德行教育，促进学生的健康发展。

在此基础上，我们还根据学生和家长的实际需求进行专题培训与指导。我们在学期中根据学生中存在的共性问题，邀请教育专家来到学校，对家长进行主题式教育。如我们组织家长参与了知心姐姐卢勤的"把孩子培养成财富"主题讲座、家庭教育专家董进宇博士的"教子有方"专题培训、儿童教育家孙云晓教授的"习惯决定孩子的命运"专题报告、全国知名家庭教育专家曹彦飞教授的"学做成功家长　培养优秀孩子"专题讲座等。专家们诙谐幽默的语言、鲜活生动的事例，给家长们带来了全新的家庭教育理念和富有实效的家长教育方法，受到家长的一致好评。

2. 分层指导

（1）别开生面的新生家长培训。每年一年级新生入学前，我校都会利用暑期举办一次新生家长培训班，由教务处负责牵头落实，姚校长为主讲人，向广大家长朋友做"培养良好习惯，奠基幸福人生"为主题的专题讲座。讲座中，姚校长主要向家长介绍学校的基本情况、任课教师的配备，帮助家长明确和怎样面对小学生活，如何做好孩子入学前的准备工作，教给家长怎样有的放矢地指导孩子在入学阶段逐步养成良好的学习习惯、生活习惯、安全习惯和卫生习惯等。我们还会邀请家长朋友全方位参观我们的校园，提前与任课教师进行交流，以便于我们共同做好孩子的教育和管理工作。这别开生面的新生家长培训，深受家长朋友的欢迎和拥护，年年都开得异常成功。

（2）振奋人心的毕业生家长会。六年级是小学阶段最后一年，也是最关键的一年，是小学生即将进入初中生活的转折时期，也是孩子们人生道路上的重要关口。为此，我校高度重视毕业班工作，为加强学校、教师与家长之间的联系，同时帮助家长更好地关注孩子的发展，激发孩子更大的潜能，我们每学期开始，都会召开全体六年级家长会，对家长进行集中培训。

2015年9月初，在学校领导和全体六年级组老师的精心准备下，毕业生家长会成功召开，近200名家长准时到校参加了会议。姚校长在家长会上为家长们介绍了我校的整体发展情况，对六年级的教育教学工作提出了具体而详细的要求。针对六年级孩子的身心发展特点，姚校长对家长提出了几点建议，希望在家校密切配合下，孩子能够顺利度过六年级，成为一名优秀的毕业生。就家长们关心的学生毕业去向问题，姚校长也进行了周密的分析并给予了中肯的意见。她还结合自己的切身体会，对如何辅导孩子提高学习成绩从理论和方法上为家长作了详细的指导。姚校长的理性分析，生动的讲述，极富启发意义，给家长指明了下一阶段教育孩子的方向，使家长获益匪浅。家长们纷纷表示，一定会给孩子多一些关爱，多一点督促，给他们适当的鼓励和信心；关心孩子的学习成绩，更要注重他们的身心健康。帮助孩子端正态度，调整心态，让他们以充沛的精力，昂扬的斗志，顺利升入理想的中学！

（3）别样温暖的心理健康教育。五、六年级的孩子，正处于身体的快速成长阶段，他们的心理也由朦胧期进入困惑觉醒期，内心的矛盾和烦恼也渐渐多了起来。为了让学生的心里充满阳光，促进他们快乐成长，《洛阳晚报》"教育周刊"在我校举办了教育大讲堂活动。姚校长以心理咨询师、家庭指导师的双重身份，面向全市，为高年级学生家长做了一次"让学生心里充满阳光——小学高年级学生心理特点及教育"专题讲座。讲座中，她结合学生的调查问卷和真实事例，对小学高年级学生心理发展状况进行了详尽的分析，向家长传授了针对不同心理表现的孩子的教育方法，并现场进行了互动，解答了家长在家庭教育方面的疑问与困惑，为家长如何对高年级学生进行心理健康教育做了全面的指导，引来家长们的阵阵掌声。王芳副校长也从身心健康和安全的角度，为五六年级全体女生做了"花季女生 青春自护"的安全教育讲座，为生理和心理正处于成长变化期的女孩子们解决了诸多困惑。

多样化的专题讲座与分层指导，为家校之间搭建了交流互动的平台，使家长们更好地了解到家庭教育的重要性，学到了正确的教子方法，领会到自己在孩子的教育方面起着举足轻重的作用。

梦想三：家校互动，特色育人

在家长学校工作中，我们充分发挥家委会的作用，定期召开会议，邀请家委会成员作为家长代表，为学校发展建言纳策。在学校各项大型活动中，各班家委会通常都会积极配合并组织家长参与到校园系列活动中，多管齐下，实现家校教育的良性互动。

1. 教师走访家庭——传递关爱

每学期，我校教师都会牺牲寒暑假休息时间，深入学生家庭进行家访，受到家长的广泛好评。由于我校学生人数众多，且分布面广，老师们采取了分片走访的办法，对本班学生逐一进行走访。走访主要采用了分片集中家访和入户一对一家访的形式，家访教师深入到每一个学生的家庭，真诚地与家长、学生交流。在家访过程中，每一位教师都耐心地向家长介绍学生在校期间的表现，解释并宣传学校的管理措施和办学理念，并依据学生的在校情况，结合家庭表现，进行对应分析，提出家校联动措施，帮助学生制订切实可行的学习计划，共同促进学生进步。家访结束后，每位教师还认真填写了《家访手记》，把家访情况进行详细的记录，并撰写心得体会。全面细致的家访，把学校的关怀和教师的爱传递到每一个家庭当中，为而后的教学工作奠定了基础，也提高了家长对学校的信任度，从而更加积极地配合学校做好孩子的教育工作。

2. 家长走进校园——亲近课堂

每年春秋两季，我校都会举行多种形式的家长开放活动。如 2015 年 4 月 21 日，我校组织了一次以"沟通你我，共育未来"为主题的家长开放日活动，让家长走进教室，关注教育；走近孩子，倾听心声；走进学校，参与管理。这次家长开放日活动的内容分为三部分，一是观摩教学。家长到班听一节课，主要是语文、数学、英语等课堂教学的集中开放与展示。各任课教师钻研教材，精心备课，充分运用现代教育技术进行教学。课堂上，在老师的引导下，学生学得积极主动，课堂气氛活跃，精彩纷呈。二是观看阳光大课间活动。孩子们朝气蓬勃、昂扬向上的精神面貌，引来了家长们的阵阵掌声。三是该学期的第一次家委会，校领导就本学期各项工作安排向家长代表进行了详细的汇报。开放日活动开展得非常成功。来校参加活动的家长对老师们的课堂教学留下了深刻的印象，对学校工作给予了高度评价。

每学期的期中抽测，我们也会创新性地将之与家长开放日结合在一起，组织一场别开生面的快乐考试节。考试节针对语文、数学、英语三个学科，由各年级自行确定考试形式，可以是卷面答题，可以是口语测试，每一门学科都由参与的家长志愿者们负责发卷、监考、阅卷等全程性工作，最后的成绩由家长进行评定。这种形式让孩子们也感到耳目一新，他们怀着期待与兴奋的心情参加了考试。考场上,孩子们埋首答题,家长考官们巡视监督。低年级的孩子识字少,考官们就耐心细致地给孩子们读题,提醒他们认真作答。口试现场,孩子们正与"考官"进行着一对一的互动。抽签、答题、公布分数,整个流程开展得井然有序。这次开放性测试,既公平公正地检测了学生的学习情况,又拉近了学校和家庭的距离,让家长们更深入地了解学校的教育教学工作,受到了家长和学生的热烈欢迎。

和老师面对面、与课堂零距离、跟孩子共感受。家长开放日活动的开展,加强了学校与家庭、教师与家长之间的交流,使家长全面了解了学生在校的学习、生活情况,了解了学校的管理与发展趋势,了解了我校的课堂教学和课改动向,有利于家长更好地配合学校,共同关注和教育孩子,使每个孩子都能健康活泼地成长。

3. 成长实践活动——感受教育

我校每年举办的四大校园主题节日活动,包括春季阅读节、夏季体育艺术节、秋季科技贸易节、冬季国际文化节,常常会吸引很多家长前来观摩指导。更多的家长参与其中,为孩子们的成长尽心尽力。如冬季的国际文化节,我们组织了一次全员参与的国旗文化展演。在各国巡游环节,各班级分会场场地的布置、学生的组织、活动的安排等各个环节,都由家长来全面负责。孩子们也以极大的热情参与到活动之中,在活动中锻炼能力,在爸爸妈妈面前一展风采。

为了促进学生综合素质的全面提高和身心健康发展,

我们经常以学生个体为评价对象，制定相关评价方案，开展各类评选活动。如评选"道德小富翁""文明学生""学习小标兵""幸福免试生"等。为了充分调动家长的积极性，大队部通过校信通向家长告知本次评选活动情况，同时为每一位学生家长印发评选方案，以便家长详细了解活动内容，及时督促孩子养成良好的学习、生活习惯。这些评选活动受到了全体师生和家长的一致好评，家长们和孩子们一起订计划、做方案，为了实现目标而不断努力，感受到教育的巨大作用。

4. 家庭亲子活动——见证成长

在春季阅读节活动中，我们努力创建书香校园、书香家庭，积极开展亲子共读活动。各个年级根据学生年龄特点为家长推荐亲子共读书目，家长和孩子每天半小时共同进行亲子阅读。如低年级的绘本阅读，中年级的系列阅读，高年级的双语阅读等。孩子们还和家长一起制作好书推荐卡，撰写读书心得，拍摄亲子阅读照片等。很多家长在活动后发短信或写文章表达自己的感受，非常愿意和孩子一起学习，一起成长。如今，亲子共读活动已成了我校家长学校工作中一道亮丽的风景线。

体育艺术节上开展亲子活动是增进父母与孩子感情的良好方式。我们的亲子活动，形式活泼，项目丰富，得到了孩子和家长的积极响应。无论是三人四足跑，还是齐心协力、袋鼠跳跳，都需要孩子和家长的共同配合，协调一致。大家在活动中增进了亲子感情，在活动中享受了童年的快乐。

每个假期，是我们开展亲子活动的大好时机。低年级的"妈妈，让我为你做件事"，中年级的"今天我当家"，高年级的"创意餐会"，让孩子们懂得感恩父母、孝顺父母，主动关心、照顾自己的爸爸妈妈。在活动记录表上，我们看到了家长感动的泪水，喜悦的心情，更能感受到他们为孩子的成长而无比自豪。

5. 赏识评价活动——共享幸福

每年的新生入队，我们都会举行隆重的仪式，并邀请新入队学生家长参加，共同见证孩子幸福的时刻。在庄严的音乐声中，家长们的大手牵着孩子们的小手，走过长长的红毯，把孩子送入少先队大家庭中，并且亲眼看见高年级的少先队员为孩子戴上鲜艳的红领巾。那一刻，笑容洋溢在每一个家长和孩子的脸上。相信这难忘的情景，一定会成为他们心中最珍贵的画面。

评选幸福免试生是我校教育工作的一大特色。从2012年起，我校在二～六年级语文、数学、英语学科试行"免试生"制度，结合幸福卡评价及日常表现评选出班级最优秀的学生，在期末考试中给予免试奖励。表彰大会上，全体免试生的家长也会应邀来到颁奖现场。在温馨感人的氛围中，孩子们把自己的荣誉证书作为礼物送给爸爸妈妈，爸爸妈妈也会为孩子精心准备礼品以示祝贺。典礼现场，获得免试奖励的孩子们和爸爸妈妈幸福地拥抱在一起，无比的自豪感和光荣感洋溢在他们的脸上。学校此举旨在构建促进学生快乐学习、全面发展、幸福成长的赏识评价体系，同时通过典型带动，激励和引领更多的学生争先创优，走向成功。免试生制度得到了家长们的广泛支持，认为此项举措充分激发了孩子们的潜能，提升了孩子们的幸福指数，培养了孩子们多方面的能力。

6. 优秀家长评选——树立榜样

每学期期末，我们都会在全校开展"教子有方"优秀家长评选活动。我们制定了"优秀家长"的评选标准及评选办法，严格遴选出最优秀的家长进行隆重的表彰。通过这一活动的开展，树立家庭教育中的优秀榜样，在全校师生及家长中营造真正关注孩子健康成长、快乐成长的良好氛围，引领广大家长转变家庭教育观念，掌握科学有效的教育方法，在家庭和教育机构间架设起沟通交流的桥梁，推动全校素质教育工作健康发展，让广大学生真正成为家庭教育和学校教育的受益者。

为了了解家长对我们家长学校工作的评价，我们会不定期发放一些家长调查问卷，如《英语学校德行教育活动家长、学生调查问卷》等。通过家长反馈卷表明，英语学校的家长学校活动令家长们感到十分满意。丰富多样的教育活动不死板，不教条，能贴近孩子的成长和家长的实际需求，不仅拉近了学校和家长的距离，更使家长学会了科学的家庭教育方式，帮助很多家庭掌握了教育子女的优秀方法，受到家长的一致好评。

梦想四：辛勤耕耘，收获幸福

通过开办家长学校，普遍提高了家长自身的素质，普及了家庭教育知识，优化了家庭教育环境，促进了家庭教育科学化的进程。我校仅 2015 年一年就累计培训家长近万人次，总受训面达 100%，评出优秀家长 200 余人次。同时，家长的教育观念也开始从应试教育向孩子全面素质提高转轨。通过家长学校的学习，许多家长真正意识到，家庭是教育细胞，家长的第一行业是教养子女。父母既是子女的启蒙老师，又是终身老师。父母的素质，尤其是个人品德，将直接关系到孩子今后成为什么样的人。因此，许多家长决心"教子先律己"，为子女做个好榜样。

在理论与实践结合的进程中，我校的家长学校工作也取得了一系列显著的成绩。我校先后获得全国优秀家长学校、全国青少年主题教育先进单位、全国综合实践活动先进学校，河南省师德师风建设先进单位、省"依法治校"先进学校、省卫生先进学校、省"五好"关工委先进学校、省德育实验学校、省中小学心理健康教育实验学校、省"五好小公民"示范学校，洛阳市实验性示范性学校、市文明学校、市精神文明单位、市教育系统先进学校、市首批规范化学校、市首批双语实验学校、市绿色学校、市少先队工作先进学校、市先进卫生学校、市首批"雏鹰起飞"先进学校、市女职工素质达标单位、洛阳市少先队先进学校，涧西区五星级学校、涧西区首批特色学校、区文明单位、区关工委先进单位、区基础教育课程改革基地学校、区安全管理工作先进单位、区德育工作先进集体、区首批校本教研基地学校、区教科研先进实验学校等。

梦想，总是能给人以美好的期望，幸福的等待。在家校携手、编织与实现我们教育梦想的进程中，我们感受到工作的压力、思想的挑战，也体验着心灵的沟通、成功的快乐。今后，我们仍将探索家长学校工作的新思路、新方法，不断丰富家庭教育内涵，继续编织和实践我们的教育梦想，让每一个学生健康成长，让每一个家庭幸福和谐，让我们英语学校的梦想之路走得更宽，更远！

信息技术点燃学校腾飞新引擎

当今社会，信息化程度越来越高，教育面临着前所未有的机遇和挑战，要"积极推动信息技术与教育融合创新发展"是我们在很长一段时期内的主要目标。

近年来，在区政府、区教育局的领导下，我校加快改革步伐、多方协同推进，加强"三通两平台"的建设，使我校的教育信息化水平不断提高。我们的资源库建设已初具雏形，优质数字教育资源日益丰富；教师的信息化意识显著增强，信息化教学日渐普及；网络条件下全新的教学、学习与教研模式，为课堂教学的精彩高效提供了技术保障。信息技术以其便捷性、综合性、时效性等多方面优势，点燃了学校腾飞的新引擎。总结近年来我校信息化建设与应用情况，可以概括为"四抓四促"，即："抓管理机制，促电教规范建设；抓学习培训，促教师能力发展；抓学科融合，促教学质量提高；抓设施管理，促设备深度应用。"

一、抓管理机制，促电教规范建设

1. 优化管理队伍，规范信息化建设

学校建立了"行政与技术两条线管理"的共管机

制。行政方面：成立以校长为组长的领导小组，负责基础设施、协调服务和经费投入三方面的具体落实；技术方面：由信息中心主任、信息技术教师和各年级组骨干教师组成的电教小组，负责规划制定、教师培训、网络管理与使用、资源库建设、计算机教学、课题研究、网站建设等技术工作，并做到分工明确，责任到人。

2. 健全各项制度，实行科学管理

学校建立健全了各项教育信息工作管理制度，包括《教师计算机使用管理制度》《计算机专用教室管理制度》《教师信息化培训管理制度》《网络突发事件处置规定》等十余项管理制度，使教学信息化建设工作有章可循。并制定了《英语学校教育信息化三年规划》，保证了教育信息化工作的顺利开展和良好运转。

3. 抓好三个覆盖，提高应用水平

一是教师覆盖率，要求教师人人参与，人人掌握校园网的使用和上网技术，人人会制作多媒体课件，人人能使用班班通设施。二是课时覆盖率，要求教师能自觉运用多媒体技术辅助教学，语文、数学、英语教师应用多媒体课时数占总课时数的70%以上，其他学科（体育除外）达到40%以上。三是学科覆盖率，注重信息技术与学科教学的有机融合，力求各学科教学做到教育信息化。

二、抓学习培训，促教师能力发展

我校采用三级培训制度提升教师信息化技术水平。

一级培训为电教中心组成员参加的上级培训；二级培训为电教中心组对各年级组信息技术骨干进行的培训；三级培训为骨干教师在年级组实时解决教师操作中问题的培训。每学期中和学期末，我们还会集中对全体教师进行培训。现在学校 100% 的教师能应用 office 系统办公，熟练运用网络资源及自制 PPT 辅助教学；90% 以上教师能将资源分类整理上传；70% 以上教师能对声音、图片进行简单处理。信息技术已成为教师工作学习的重要手段。

三、抓学科融合，促教学质量提高

1. 通过课题研究，促进课堂教学改革

为促进学校教育信息化工作向更深层次、更高水平发展，我们连续开展了"教师信息技术能力有效转化策略研究""'班班通'网络环境下课堂教学模式变革的实验研究""信息技术下'135'模式教学的研究""区域性网络教育资源库与网络教学平台建设研究与应用"等课题的研究，带动教师基于信息技术环境下积极尝试和探索新型的教学模式。如我校数学学科开展的"基于网络下的数学博客教研"课题研究，通过开展"两周 e 课"活动，即每两周由一名数学教师执教研讨课，全体数学教师利用博客圈进行集体教研，做课者撰写教学反思，听课者发布观课心得，相互交流后执教教师二次备课。这样的教研方式，卓有成效地提高了教师的教学水平，增强了教师在信息化环境下创新教育教学的能力，使信息化教学真正成为教师教学活动的常态。

2. 创建智慧课堂，促进教学模式创新

我们努力提升教师信息化应用水平，助力课程改革，创新课堂教学模式。组织学科教研，开展校内观摩、赛课，取得了良好的应用成效。通过"区互动直播课""教育信息化应用选型论证研讨会"等活动促进日常教学的深化应用。创设有利于协作交流的学习环境，通过智慧的教与学，促进全体学生实现符合个性化成长规律的智慧发展。

3. 通过交流展示，促进教师共同提高

在信息技术与学科融合方面，我们要求学校领导和学科带头人上好"示范课"，骨干教师上好"优质课"，青年教师上好"汇报课"。是否有效利用信息技术辅助教学已成为评判课堂优劣的重要标准。在教学常规检查方面，我们也借助现代信息技术及时与教师交流反馈。如本学期我校加大了听推门课的力度，领导听课后及时在学校微信群里对所听的课进行点评，指明改进方向。上课教师也会自觉地把教学反思发送到微信群里，与全体教师共勉共享。多种信息化交流形式，形成了教师互动互学的良好风气，使大家在教学中善于学习，勤于钻研，精益求精。

4. 通过"优课"活动，促进业务能力提升

我校借助"一师一优课"等信息化教学推广活动，激发广大教师的教育智慧，不断生成和共享优质资源。学校中心组精心为每位教师打磨优课，要求教师的优课

必须体现信息技术与教学的有效融合。信息中心结合不同课型特点，选用不同设备进行录制。为确保录课质量，信息中心还多次对全体教师进行培训。经过努力，我校"一师一优课"获得了显著成绩：2014—2015 年度，有 3 节课获得部优，11 节课获得省优；2015—2016 年度，有 4 节课获得部优，12 节课获得省优，受到了上级部门的嘉奖。在活动中，老师们的信息技术能力得到了极大提高，与学科的融合更加适当有度，课堂效率明显提升。

四、抓设施管理，促设备深度应用

1. 加强"班班通"终端管理和全面应用

我校 2004 年就自筹资金全面安装了多媒体教学设施，老师们对多媒体教学设备的使用都很熟练。为了更好地利用远教资源，充分发挥"班班通"教育教学设备的作用，我们经常为全体教师培训应用技巧和日常维护等知识，并定期组织人员检查设备使用情况，及时排除故障，确保教学使用。目前，老师们已经离不开多媒体，"班班通"使用率达到 70% 以上。

2. 录播教室和多功能厅服务教学

录播教室在"一师一优课"活动中发挥了极大作用，教师可以随时申报录课，参赛优课还可反复打磨，多次录制，达到最优。2017 年，录播教室录课达二百余节。我校还充分利用录播教室的网络直播平台开展大型活动，减少学生集会，提高会议效率。仅 2018 年，我们就直播了 4 次安全教育，4 次道德讲堂，2 次视频会议，在电教馆的安排下，还实现区域内互动教研2次，为教育教学活动提供了优质的技术服务。

学校多功能厅是学校开展各项活动的主要场所。2018年，我校在报告厅组织了大型报告会7场，学生才艺展示活动4场，并实况直播2场活动，承接区、市教育局大型活动和公开课展示6次，为展示师生风采、丰富校园生活提供了有力保障。

3. 加大学校网站和微信平台的宣传力度

学校网站和微信平台作为学校宣传的主阵地，由电教中心组成员周崇俊负责，做到每周更新，从学校新闻、学校制度、国家政策和正能量方面进行宣传报道，达到宣传学校、家校互通的效果。

4. 着力进行洛教云平台建设和乐教乐学平台推广

洛教云平台和乐教乐学平台是市教育局2018年重点推广的教学平台。在这两大平台的使用过程中，我们力图融合网络学习空间创新教育教学模式，实现教育资源的共建共享。我们鼓励教师应用平台教育功能备课授课、家校互动、网络研修、指导学生学习等；鼓励学生应用平台网络空间进行预习、作业、自测、拓展阅读等学习活动；鼓励家长借助平台与学校、教师便捷沟通，关注学生的成长过程。在洛教云平台建设方面，我校申报了区域性资源库建设课题，现在已构建起校本资源库框架，正在进一步完善和丰富资源库内容，使之切实服务于教学，服务于老师。乐教乐学平台现已全部推广，老师们均能利用平台进行作业布置，建设班级空间，与家长实时交流沟通等。我校的乐教乐学平台建设和使用工作，也取得了一些成效。2018年3月23日，湖南郴州市教育局领导一行16人莅临我校，进行了专项考察。学校通过培训、奖励等多种机制推进两大平台建设工作，使之更好地为教育教学服务。

在信息技术与教育教学融合方面，我们坚持不懈，一路走来，取得了一些成绩，得到了主管部门领导的肯定，2018年在5月9日涧西区举行的信息技术教育展示交流会上，作为两所发言学校之一，校长姚莲彩在大会上介绍了我校的经验和做法，市教育局黄局长莅临我校展位，进行了仔细交流和指导，对我校工作给予了高度赞扬。即使这样，我们清楚知道，信息技术的发展速度会更快，功能会更强大，我们只有加快步伐，加大力度，才能使信息技术和教育的融合更紧密，更高效！

精雕细琢，"4+6"范式批量打造优课

在33年的教学生涯中，不管是从事一线教学还是担任学校管理工作，校长姚莲彩始终认为"讲台是教师的主阵地"，业务无论如何不能丢。因此，她认真研究课堂，并通过执教优质课、示范课、研讨课不断提升自己的教学水平。从2014年开展"一师一优课 一课一名师"活动以来，她连续4年执教了《水落"盐出"》《体积变化之谜》《风的测量》《冬暖夏凉的房子》4节课，年年获得部优奖，她也因此被评为洛阳市"一师一优课 一课一名师"活动模范个人（全市仅3人）。

正因为对课堂教学的不懈追求，她不仅自己专研，还带领我校教师在课堂改革的道路上前行。

2014年迄今，五载春华秋实，82人团队的奋力拼搏，已获得41节部优、75节省优的耀眼成绩（见表2）。

表2　2014—2019年我校获奖情况

年度	获得奖项		
2014—2015年	部优：3	省优：11	市优：13
2015—2016年	部优：4	省优：12	市优：14
2016—2017年	部优：11	省优：19	市优：20
2017—2018年	部优：13	省优：17	市优：19

续表

年度	获得奖项		
2018—2019 年	部优：10	省优：16	市优：19
合计	部优：41	省优：75	市优：85

一年年执着的追求，化作一个个闪亮的数字。

一个个平凡的教师，铸就一年年耀眼的辉煌。

有人问，姚校长不年轻、不漂亮，却年年得部优；英语学校面积不大、教师不多、位置偏远、生源复杂，却屡摘桂冠。究竟是什么让他们成为洛阳市教育界的一个传奇、"一师一优课　一课一名师"活动的一面旗帜呢？

答案是精雕细琢，是"4+6"批量打造优课范式。所谓的"4"是4个法宝，即精心选课是前提，精心备课是保障，精心打磨是关键，精心录制出优课。"6"指的是6项措施：建立三支团队、制定奖惩措施、进行专业培训、领导示范领航、团队互助磨课、硬件支持保障。

一、教师上好优课的4个法宝

"上一节优课要扒一层皮"；"优课是千锤万击磨砺出来的"；"优课是遗憾的艺术作品"；"优课需要用一生修炼。"这些话虽有些片面，但核心要义很明确，打造一节优课很难，上好一节优课不易。有没有好的方法可以助力老师上好优课呢？下面介绍我执教优课的4个法宝。

1. 精心选课是前提

选好课是上好课的前提。选课需要用心、精心，选择适合自己特点的课、选择能够出彩的课。每年参加优课比赛，我都要花费很多心思进行选课。选对课了，纲举目张，顺畅自然；选不对课，花费心血，不见亮点。如何选好课呢？可以从以下三方面入手：一是选一些自己擅长的课，我获得部优奖的四节课《水落"盐出"》《体积变化之谜》《风的测量》《冬暖夏凉的房子》，都属于物质科学领域里与化学知识有关的内容，为什么呢？很显然，我的专业是化学，又有 6 年执教化学课的经历，无论从专业知识功底还是自己擅长的探究式教学风格都很贴近，所以上这样的课心中有底，能够游刃有余，能够找到教学的关键点和创新点。二是选择没有获过高级别奖的课。对于初选出的一些课，我会接着在"国家基础教育资源公共服务平台"查询各个版本教材里已经获奖的课，如果本节课已经获得过部优、省优，就排除不考虑了。三是选择能上出亮点的课。经过前两轮遴选，可授课的范围已经非常小了，再从中选择最能突出自己教学风格和学生探究活动的课。

2. 精心备课是保障

如何做到精心备课呢？做好"三研"是关键。

研读课标找准方向。很多老师在备课时很少研读课标，觉得读不读课标对备课影响不大，不读课标照样备课，照样上课，甚至有的老师手头没有课标，研读课标变成了一件可有可无的事。为什么会有这样的现象？我觉得有些老师还是存在教教材的思想，认为把教材中的知识都教给学生了，学生都掌握了就算完成了教学任务。如果老师是用教材教，一定要研读课标，他要知道通过本节课学习，学生应该掌握哪些知识点，在能力、情感态度和价值观等方面都有哪些发展要求，这是教学的逻辑起点，也是教学的终极目标。找准了方向，才会纲举目张，收到事半功倍的效果。否则，就会出现只见树木不见森林、只会传授知识不会全面育人的结果。在科学教学中，每备一节课前，我都会先认真阅读课程目标，明确本节课在科学知识、科学探究、科学态度、科学技术、社会与环境等几个方面的具体目标要求；阅读课程内容，弄清本节课的具体学习目标和学习内容在知识体系中的位置；阅读活动建议，了解重点知识学习的方法和应开展的学习活动；阅读实施建议，了解教学建议、教材使用建议、教学活动建议、科学学习场所建议、学科关联建议、教学媒体建议、评价建议等。认真研读课标，备课时就会方向明确，心中有数。

研读教材找准重点。作为一名教师，要轻松自然地上好一节优课，在研读课标的基础上，必须认真研读教材，吃透教材内容，领悟教材内涵，理解教材编写意图。我在研读教材方面做到了"三读"。一是熟读教材，弄清每一个环节包含的知识点、隐藏的能力点和活动目的；二是细读教材，借助思维导图，理出知识点之间的相互联系；三是深读教材，深入浅出，找准重点。例如在备五年级下册第三单元第二课《玩转电磁铁》时，连图带文字共 3 页内容，我足足读了七遍。第一遍通读。第二遍按一个一个部分的内容读，一句话一句话分析，一个图一个图观察，弄清表达的含义。第三遍上下联系起来读，弄明白每个环节间的内在联系。第四遍，读一读《教学指南》中的教师教学充电器，查阅相关资料，对教材中涉及的知识点进行扩充。第五遍深入浅出，对照课程目标找出教学重点：知道什么是电磁铁、实验探究电磁铁的特性、电磁铁在实际生活中的运用。第六遍围绕重点知识学习，建构课堂学习环节：①拆装电机，发现带铁芯的线圈；②实验验证，猜想带铁芯的线圈具有磁性，总结电磁铁概念；③设计实验，探究影响电磁铁磁性强弱的因素；④学以致用，玩转电磁铁游戏；⑤拓展活动，搜寻电磁铁。第七遍活用教材资源，对每一个环节进行细节设计。只有通过反复阅读教材，才能理解教材编写意图，才能找出知识间的内在联系，才能找准教学重点，才能实现围绕重点组织教学，从而实现课堂教学的丰富性、科学性、高效性。

研读学情找准起点。学生是学习的主人，教师是学生学习的组织者、引导者、帮助者，教师应该积极创建适合儿童学习的课堂，促进学生积极主动学习，完成教学目标任务，因此研读学情找准教学起点是教师备好课的关键。在备课中我主要通过课前发放调查问卷来研读学情，调查问卷一般设计三道题，主要了解相关知识和实验探究能力情况，一般通过网络进行调查。例如在讲《水落"盐出"》一课时，我设计的问题是：①你知道哪些方法可以加快食盐溶解？②写一个你做过的对比实验。③写出三个生活中加快水蒸发的例子。我把这些调查问题发在乐教乐学上，让学生在规定时间内完成答题，我在备课前收集统计学生的概念掌握情况，以此确定教学起点、教学难点。例如通过调查发现只有少量的学生能够写出生活中加快水蒸发的例子，我知道了学生关注生活现象太少，相关生活经验欠缺，为此我特地拍摄了一些生活中加快水蒸发的事例，课前让学生观看，为本节课的学习奠定知识基础。我发现大部分学生了解对比实验，因此在设计实验环节时，我采取了迁移式的方法，让学生仿照自己做过的对比实验设计影响水蒸发快慢因素的三个对比实验。由于课前对学情研读到位，课堂环节设计符合学情，所以学生在课堂上能够主动思考、大胆猜想、认真实验、积极思维，每节课都能够完成学习目标。

3. 精心磨课是关键

做好精心准备。科学课不比别的学科，一支粉笔一本书、一套课件就可以上讲台。科学课的课前准备繁杂而细碎，不仅要准备好教案、课件，还要精心准备教师演示器材和学生实验仪器，许多器材还需要老师亲自动手制作和反复实验确保万无一失，所以每上一节课前，都需要花费大量时间和精力做课前准备。由于学校工作比较忙，我就经常利用下班后的时间来准备。比如，在准备《冬暖夏凉的房子》一课时，中午我亲自开车带着孩子们跑到郊区，找到了一幢铁皮房子拍视频。为了提高效率，我亲自参与改进热传递演示器，由原来的三根金属棒换为玻璃棒、木棒、铝棒，通过完成一个实验，就能看出不同材料的导热性明显不同，引导得出热的良导体和不良导体的概念。为了让学生了解先进测量工具测温的效果，我从兄弟学校借来了温度传感器，学生不仅能测量金属的瞬时温度，还能看到不同金属温度的动态变化曲线。准备得越充足，教师心中越有底气，课堂才会游刃有余，取得理想效果。

做到精雕细刻。为了上好"优课"，我在磨课中实施"三步走"策略。第一步，自己身先士卒。我经常在自己任教的班里先进行试讲，课后邀请学生一起讨论，根据学生的反馈意见修改自己的教学设计。第二步，请同行听。虽然我是校长，但是在课堂上，我更愿意成为一个学习者。我常常邀请学校的学科专家、科学组成员深入我的课堂，提出改进建议。在集体智慧的碰撞中，大大提高了课堂教学的效果。第三步，请专家听。为了上好一节优课，我拿着自己备好的教案，找市教研室贾大庆老师听；我拿着录制好的录像课，到省教研室请杨新瑞老师听。专家的意见，让我的课堂更加有高度、有深度、有广度。我在执教《冬暖夏凉的房子》一课时，备课修改稿达20余篇，试讲录像达7次，每一次都认真反思，每一次都认真修改，直到满意为止。

4. 精心录制出优课

科学课堂上学生实验多，活动多，需要从不同角度录课，对录课人员技术水平和后期制作都有很高的要求。

我的课都在实验室上，由三个机位对照不同对象进行拍摄，有录老师的、有录大场景的、有录学生活动的。为了确保录出高质量的素材，正式录课前我都会邀请三位负责录像的老师听课，听完后现场研究每一个细节该怎样录，包括老师站位、脸部朝向、学生发言站姿、开始讲话时间、要求学生专心听讲、不能看摄影机等，由于对教学环节比较熟悉，录课的老师在拍摄时心中有数，录课时就比较顺畅，录出的效果也不错。在后期制作阶段，我和负责制作的老师一起，从剪辑到编辑一一把关，确保每一句话、每一个画面清晰流畅，整体效果自然顺畅。

二、学校组织教师上好优课的 6 项措施

一花独放不是春，万紫千红春满园。高质量的学校教学需要大批高水平的一线教师，"一师一优课　一课一名师"活动是提升教师专业素养、提升课堂教学水平、提高学校教学质量的重要举措，因此在 2014 年 12 月上级教育部门下达《河南省教育厅关于开展 2014 年度"一师一优课　一课一名师"活动的通知》后，我校高度重视，迅速行动起来。我们召开了班子成员会，认真学习通知精神，明确了本次活动的目标：通过活动，进一步增强教师对信息技术推进教学改革、提高教学质量的重要性的认识，充分调动各学科教师在课堂教学中应用信息技术的积极性和创造性，使每位教师能够利用信息技术和优质数字教育资源至少上好一堂课。通过研

究，我们还制定出开展"一师一优课　一课一名师活动"的6项措施。

1. 组建了三个工作团队

（1）成立以校长为组长的领导团队：

组长：姚莲彩（工作安排，总体负责）

副组长：朱军红（制定方案，监督落实）

组员：朱媛媛　王　芳　步青帮　裴　瑜　莫　妍　段晓静（学科指导，确保质量）

（2）成立以学科领导和教学骨干为中心的教研团队：

语文组负责人：朱军红　裴　瑜

数学组负责人：步青帮　莫　妍

英语组负责人：段晓静

体育组负责人：王　芳

其他技能学科负责人：朱媛媛

（3）成立以电教中心组为核心的技术团队：

专业技术指导：韩高峰

录课及后期制作：韩高峰　步青帮　刘学锋

为了高效推进"一师一优课"工作，争取优异成绩，我们制定了《英语学校"一师一优课　一课一名师"活动实施方案》。学校多次召开全体教师动员会，对此项活动进行详尽的安排部署，要求全体教师从思想上深刻认识开展此项活动的必要性和迫切性，在行动上积极参与。

2. 制定奖惩措施

激发参与热情，鼓励争先创优是做好"一师一优课"工作的关键。为此,涧西区教体局每年都拿出专项资金对"一师一优课 一课一名师"成绩卓越的先进学校和获奖教师进行表彰奖励。为了调动全体教师的积极性,全力做好"一师一优课"工作,在区教体局表彰奖励的基础上,我校也制定了《英语学校"一师一优课 一课一名师"活动奖励方案》,每年优课活动结束后,我校都会召开隆重的表彰大会,对获得优课的老师进行嘉奖。

良好的机制,极大地激发了我校教师潜心教研,用信息化手段提高课堂效率和教育教学质量的热情,"一师一优课"活动也取得了辉煌的成绩:

2014—2015 年度,我校共有 17 节课喜获优课,其中部优 3 节,省优 11 节,部优课占全区总数的 18%;在 2015 年涧西区年终考评中荣获第一名,学校获得奖励 5000 元,教师共获得奖励 6100 元。

2015—2016 年度,我校共有 30 节课喜获优课,其中部优 4 节,省优 12 节,部优课占全区总数的 11%。在 2016 年涧西区年终考评中再获第一名,获得奖励 1 万元,教师共获得奖励 20200 元。

2016—2017 年度,我校共有 50 节课喜获优课,其中部优 11 节,省优 19 节。部优课占全区总数的 28%。在 2017 年涧西区年终考评中第三次夺得第一名,获得奖励 1 万元,教师共获得奖励 39800 元。

从选课、备课、研课、磨课到录课,是一个漫长而极其艰辛的过程。为了激励老师克难攻关,力争最优,我们还通过加强舆论宣传，形成争优氛围。我们在多种场合宣讲优秀教师的案例和故事，发挥榜样示范引领作用；为了加强互动交流，我们开通了微信平台、学校网站专栏，便于老师们实时研讨、互相学习；为了营造优良的舆论环境，我们利用电子屏和学校广播站等强力宣传，形成了积极进取、奋勇争先的良好氛围。为了总结"一师一优课"取得的成果，我们还将获奖优课汇总，先后结集出版了两册英语学校"四有四动"情智课堂案例集锦《在情智共生中快乐成长》，有力地促进了教师的专业化成长。

3. 进行专业培训

我们加强技术培训，包括通识培训和分类培训。首先是通识培训。我们召开了全体教师参与的技术培训会，电教中心主任韩高峰老师为大家进行晒课培训和录课培训。韩主任向大家细致讲解了整个晒课流程，指导教师如何实名注册并登录网络平台，正确操作完成"晒课"。对于录播教室的使用，录课过程中的注意事项，包括着装、站位等，进行了细致讲解。为了提高老师们现代信息技术的运用能力，刘学锋老师为大家做了课件使用及制作技巧培训，使老师们的信息技术水平更上一层楼。在分类培训方面，我们主要通过对不同人员培训（包括上课教师和负责录课教师），对执教不同课型教师培训（包括录课室上课的、室外上课的、功能室录课的）等，使大家熟悉操作技能，以便更好地录制优课。

4. 领导示范领航

为了鼓励大家积极参与这项活动，我们还给领导团队压担子，要求人人带头上课，示范带动。除了我积极参与上优课外，其他校领导也都在各自学科取得了突出的成绩。裴瑜副主任的语文课连续四年获得部优，步青帮、邵晓国、韩高峰、莫妍等中层领导的课多次获得部优、省优。领导的示范带动，极大地鼓舞了老师们参与的热情，参与优课申报的教师逐年增多，老师们的课堂教学水平也在打磨优课的过程中不断精进，日益提高。

5. 团队互助磨课

（1）精心选课，自主备课。选好课，是上好课的前提。每年活动前期，我们都会提前把课程目录发送到教师群里，让每一个人理清可选范围，有的放矢。选课之后，学校还要进行汇总筛选，及时调整，避免撞车。随后教师自主钻研教材，研读课标，精心备课；年级组、学科组成员间相互提出备课建议，充分发挥集体智慧，极大地提高了备课效果。接下来，在各教研组的配合之下，学校组织全体教师进行第一轮的组内赛课活动。结合我校"四有四动"情智课堂教学特色，我们制定了《英语学校"一师一优课　一课一名师"学科优课评价标准》，组织教师认真学习，并要求教师严格按照此标准进行授课。由教研组长和骨干教师参与的语文、数学、英语、体育、技能学科五个专家小组，深入课堂听课、评课，共同研课。

（2）团队互助，集体研课。每周一集体备课时间，各教研组会针对每位主讲教师的教案、课件进行一系列研讨活动，随后由教导处牵头，教研组长、各教研组教师进行了听课与评课，从全校所有教师的展示课中，精选了数十位教学水平高、课堂效果好的老师参加第二轮的选拔竞赛。

在第二轮校内赛课中，我们看到了经验丰富的中年教师向老教师请教经验，青年教师和自己的师傅一次又一次反复磨课的无数个感人瞬间。经过一段时间的准备，在各位参赛教师的第二轮试讲课堂上，我们发现了更具个人特色的改变：裴瑜老师教授语文课是春风般的柔美，莫妍老师的数学课精准凝练，李晓婵老师的英语课自然灵动，毕少莹老师执教的美术课生动活泼。伴随两个阶段活动的进行，学校学科领导、教研组长们深入到每一节课的各个环节，从备课到上课，对活动的开展给予了全面的关注。

（3）专家入校，打磨优课。对于精选出来的校内"优课"，我们积极统筹市区教育资源，邀请市区教研员贾大庆、朱爽、关丽萍、梁建中、彭桂梅、赵彩茹、高武强、张素丽、龚若梅等学科教学专家深入我校，分学科进行研课、磨课活动，进一步确保优课质量。如教研室彭桂梅主任带领语文教研员高武强、王艳艳老师到校听宋莹、赵静慧、王鑫鑫等老师的试讲课，数学教研员张继刚、龚若梅老师到校听杨小艳、莫妍老师的研讨课，英语学科关丽萍、张新云、谭丽歌老师多次来校指导段晓静、吕燕苹、李晓婵等老师的英语教学。贾大庆主任、梁建中馆长对我和几位科学老师的科学课更是严格要求，反复研磨。还有体育、音乐、美术、计算机……专家们的高位引领和悉心指导，为老师们的"优课"质量提供了专业的指导。

不断打磨，不断超越，反复锤炼，精益求精。在网上晒课、校内研课、专家磨课的基础上，我们选拔出来的优课参加了区教研室的磨课活动，通过说课、上微型课等环节，全部获得"优课"推荐资格。

6. 硬件支持保障

（1）购置设备，硬件支持。学校多方申请，在教育局的支持下，修建了高规格的录播教室，确保了优良的录课环境。购置了两台专业摄像机，对需要在室外进行的体育课、需要在专业教室授课的科学课等，进行三机位录课。为了落实晒课数量、晒课率，我们还为年级组配备了录像机、拍摄架，方便老师们日常录制视频课。科大讯飞公司还为我校配备了120个学生用平板电脑和12个教师用平板电脑，对创建智慧课堂、提高师生灵活运用信息技术的能力给予极大支持。

（2）反复录制，确保最优。为了确保录课的质量，我们对录播团队的全体成员提出了高标准、严要求。我们要求录课教师要加强学习，数次派出信息技术管理员到外地先进学校学习班班通、录播设备的使用、维护、保养和数字资源的使用等，不断提高自己的技术水平。对于即将录制的优课，我们要求录课教师先参与听课，熟悉师生课内的教学环节，以便及时捕捉实录课堂上师生行为的变化，这样录课才会更加精准流畅。对于已经录制完毕的优课，主管领导还会和上课教师、录课教师一起回看，全方位把关，如果存在问题就重新录制，直到满意为止。

在探索优课的过程中，我校的课堂教学改革不断推向深入，老师们的现代化信息技术运用水平也在不断提高，形成了师生综合素养全面提升、教学相长、百花齐放的教育新局面。

追赶太阳，不负芳华

日出日落，时光飞逝。步入 2019 年，我就 54 岁了，做校长也已经 26 年了。总觉得人生似乎该休整一下，进入新阶段。直到春节前夕，遇见了新教育，我的心重新被激荡，生活也随之改变。新教育实验从 2002 年开启，17 年来如星火燎原般弥漫全国。我像青春少年般开始狂热追寻新教育。为了读懂它，我戴起了花镜，捧起了一本本新教育书籍；为了理解它，我主动参加一次次的专题培训；为了践行它，我启封了沉寂多年的博客，开始写随笔、发博文，以此来影响带动新教育实验在我校的开展。

与君初相识，犹如故人归

新教育是什么？《新教育》一书中说："新教育，意味着一种教育理想，一股教育激情，一份教育诗意，一项教育行动。"它是新朋，也是旧友；它让我苦苦追寻的教育理想有了更加鲜明的具象。

站在新教育的高度审视我校教育，我们决定把打造书香校园、师生共写随笔、培养卓越口才作为三个主要行动来实施，本学期把"两读一写一讲一教室"即晨诵、午读、写随笔、课前演讲、完美教室作为重点项目来落实。在全区大力推进新教育活动中，我们决定率先行动，努力做践行新教育的先锋和榜样。

行动是实施新教育的秘诀，改变是新教育追寻的航标。

践行新教育我们从密集行动开始。

这是我校实施新教育第一个月的工作时间轴：

能够看到，每天都在行动，每天都有内容，每天都在迎接挑战，每天都在反思前行。

春风朝夕起，吹绿日日深

推进新教育，我们重点落实"两读一写一讲一教室"。

一、晨诵、午读、暮省——改变儿童生活方式

"晨诵、午读、暮省"是新教育实验倡导的一种回归朴素的儿童生活方式，也是新教育实验倡导的"过一种幸福完整的教育生活"的具体体现。朱永新教授说：把书香校园建好了，新教育就成功了一半。为此我们把晨诵、午读、暮省作为突破口，深入推进书香校园建设，以此提高师生的生命质量。

我们制定了《英语学校晨诵、午读、暮省方案》，

对时间、内容、参与人员和测评方法都进行了明确规定，并于开学的第二周正式启动。

两读中遇到了哪些困难，是怎么坚持的呢？请大家看一下我在两读开展一个月后我写的博文。

为晨诵、午读、暮省渐成习惯而喝彩

今天午读时间，我照例到各班巡视。老师们全坐在讲桌前认真读书，同学们也捧着书本在安静阅读，一切都是那样的安静、有序。行走在各班之间，我被眼前满满的情景感动着，幸福的泪珠不停地在眼眶里打转。

回想近一个月来的努力，完全可以用坚持、坚持、再坚持来形容。刚开始实行时，虽然事先进行了三次培训和明确要求，但是实施起来还是遇到了比较大的困难：一是来自技能学科老师不情愿，原来早读、午读几乎都是语文老师和英语老师的专利，现在技能学科老师也要到班级和学生共读，而且几乎每天都要到班里读书，大家感觉工作量太大，因此有一些意见；二是来自旧行为、旧习惯影响。以前学校对早读、午读要求不是很严格，所以早读、午读的内容形式都由老师来定，因此经常出现早读、午读时间学生收发作业、打扫卫生，老师订正习题，甚至讲课的情况。

我知道习惯养成是一件困难的事情，特别是全校师生要养成一种新的习惯是何等艰难。所以不管遇到多大困难、多大阻力，我都要咬牙坚持，带头行动，全力推动晨诵、午读、暮省活动进行下去。于是每天我都深入

班级督促提醒，拍照片，录视频，作美篇，发微信。在我的带动下，教导处主任每天也都去各班提醒、拍照。到第二周时，我要求每天的值班领导检查各班进行情况，做记录，发微信。在大家的积极努力下，晨诵、午读、暮省从第一周的被动进行，到第二周的反反复复，到第三周逐渐稳定，到第四周渐成习惯。

正是因为我们的坚持，新课程才能不断得以推进，新样态才能不断出现。感谢新教育，不仅让我们找到了前进的方向，也让我们感受到了"只要行动就有收获，只有坚持就有奇迹"的魅力！

我们在坚持中进行着晨诵课程的研发。

2019年4月8日清晨，我校"新教育千人晨诵课程——春韵诗香"，在美丽的校园里热烈唱响。洛阳市涧西区教体局领导到校观摩指导。

理想的晨诵课应该是什么样呢？按照新教育的倡导，英语晨诵课该怎样开展呢？4月29日下午，我们组织了一次由全体语文和英语教师参与的新教育"晨诵"研讨活动。

5月5日，我们组建了晨诵课程研发小组，开始了语文、英语学科晨诵课程专题研究。

我们的晨诵课内容从语文扩展到英语，我们的晨诵形式从单一的诵读到按照新教育晨诵的三个环节进行。我们看到了原来学生是在大声地读，现在是在美美地读，师生的生命状态发生了明显改变。

我们还通过一系列举措来推进书香校园建设。

学校图书馆现有藏书 38161 册，人均 22.38 册，全部是新书，能够满足全校师生借阅。先进的电子借阅系统让学生借阅更加方便快捷。

斥资 3 万元购置的电子阅读机最受学生欢迎，课间、放学后这里总是挤满学生。

书香家庭建设活动我们已经坚持做了好多年，今年我们提出了新要求，要做好三个一：小书架、小书桌、小台灯，藏书至少 50 本；每天坚持半小时亲子阅读；每周开一次家庭读书会。

提高学生阅读兴趣，老师们各有高招，高燕品老师的"智慧书香存折""阅读地图""再绘绘本"创意满满；张娜老师五年来一直在班里坚持做"自己的绘本"，记录班级的日常生活；高健飞老师的亲子阅读和日常阅读作业做得最为扎实。

阅读活动的充分开展，孩子们的阅读量持续飞速增长。不到三个月时间，低年级孩子人均阅读绘本类课外读物超过 10 本；中高年级学生基本保持着每周一本书的阅读速度，粗略估计平均阅读量在 30 万字以上。

在阅读中，师生共同丰富生命，体验成长，步入那美好的、积极的、充满诗意的生活殿堂。

二、培养卓越口才——改变儿童生存状态

培养卓越口才行动，能够培养学生的自信心、沟通能力，提高学生的表达能力。为了让学生成为一个"自

信满满、能言善辩"的人,我们通过开展课前一分钟演讲、讲故事比赛、英语角活动、国旗下演讲等,给孩子搭建成长的舞台,着力培养学生的卓越口才。

课前一分钟演讲。为了开展好课前一分钟演讲,我们召开了家长会,由家长帮助学生在家做好准备;班主任老师将学生编号、排序;每节课前由任课老师组织一名学生进行一分钟演讲。3周可以轮流一遍,每个学期每个学生可以有5次这样的锻炼口才和提振自信的机会。

讲故事比赛。本学期学校大队部组织并进行了讲故事比赛。讲故事比赛分为班级初赛、班级复赛和学校决赛三个阶段,最后学校对获奖学生进行了隆重表彰。

英语角活动。学校英语组的老师每周二都会组织学生开展英语角活动。在老师的指导下,学生们都能大大方方地站在英语角的台子上,用流利的英语相互交流并不断展示自己。

国旗下演讲。我校利用周一的升旗仪式,坚持开展师生国旗下演讲活动。

三、践行"三专"模式——改变教师行走方式

专业阅读+专业写作+专业发展共同体,是新教育教师成长的"三专"模式,它铺就了我校教师的专业发展之路。

为了促进教师阅读,我们为老师购买了7种不同的新教育书籍,人手一册,在教学组里进行读书漂流。为

了促进老师们的相互交流，每一次集会前我们都会组织读书分享。为了激励发言的老师，我们买了许多小礼品赠送给教师。为了促进共读，我们成立了英鹰阅读吧，由群主组织每天的阅读。

英语组老师自发组织的快乐周一共读活动，形式新颖，一直在坚持。来自澳大利亚的外教麦丽丝，热情聪慧，她这是第二次来我校做志愿者，每次都是三个月，真的特别感谢她。

为了督催老师们坚持写作，我们建立了精彩博客圈，并把每周老师们撰写的随笔编印成册。

为了促进教师之间的专业交往，我们邀请"新教育"的老师来校交流，请局领导和教研员到校参加专题研讨，让老师们走出去，到高新、海门、新沂参观学习。

在推进"三专"模式中，我们发现最难的是老师对写作的坚持。我们要求老师每周完成一篇随笔，并同时采取领导示范、种子教师引领、谈话督催、表扬激励、编印成果集等，督促老师坚持写作。退休返聘的赵春英老师，开始不愿意写，在我的鼓励下，她越写越多，第六周时根据学校要求，还写了诗。

四、缔造完美教室——改变师生生活状态

一所学校的品质，在很大程度上是由每一间教室的品质决定的。朱永新老师说过："教室，注定是一个要形成自己文化与规则的地方。"

我校的完美教室缔造计划分为三个阶段。第一阶段：

打造班级独特的文化元素。目前我校33个班级，都有了自己的班名、班徽、班旗、班训、班歌等。第二阶段：进行班级文化环境氛围建设，把教室变为展示师生作品才华的天地。第三阶段：根据师生特点，进行班本课程开发。

转眼间，新教育在我校开展已近三个月了。我们的"两读一写一讲一教室"重点工作收效怎么样呢？请看我们在师生网上调查的结果。

学生问卷分析：

1. 开展"两读一写一讲"活动以来，97.46%的学生都喜欢晨诵和午读。

2. 从晨诵类型来看，各班均扎实开展了三种类型的晨诵：新教育诗歌晨诵、校本教材《在诗韵书香中快乐成长》、英语晨诵。

3. 从晨诵形式来看，学生更喜欢与人合作诵读。比如，56.8%的孩子们最喜欢齐诵，32.55%的学生喜欢和教师一起诵读。

4. 从晨诵内容来看，教师精心选取的诗歌得到了学生的认可，98.83%的学生很喜欢或大部分喜欢老师准备的诵读内容。

5. 在午读内容方面，学生更乐于阅读课外书。61.74%的学生午读内容来自家长和教师推荐的课外书，35.58%的学生午读内容是自己喜欢的课外书。

6. 课前一分钟演讲方面，学生参与面广。97.05%的学生在班级内进行过一分钟演讲，其中1~2次的占

44.02%，3～5次的占36.88%，5次以上的占16.14%。

7. 学生课前一分钟演讲内容丰富，涵盖课本与课本相关的内容，如节日、习俗、名人故事、历史故事、童话儿歌等，还有45.12%的学生选取了其他内容。

教师问卷分析：

1. 教师每天进行专业阅读的时长不一，半小时以内占39.50%，半小时到一小时之间的人数为48.15%，一小时以上的占到了12.35%。

2. 从阅读时间来看，70.37%是利用业余时间进行阅读的，18.52%是利用午读时间与孩子共同阅读的，还有11.11%的是其他时间阅读的。

3. 专业阅读促进了教师的专业成长，98.77%的教师认为专业阅读对自己的影响很大或有一定影响。

4. 教师阅读内容丰富。尤其是针对今年开展的新教育实验，64.1%的教师重点阅读了新教育书籍，9.88%的教师阅读的是教学专业书籍，25.93%的教师阅读了提升个人素养的其他书籍。

5. 教师们注重书写随笔，82.72%的老师写了8篇以上随笔，17.28%的老师写了5～8篇。

从统计数据能够清晰看出，老师、学生、家长都在发生着惊喜的变化。

陌上花已开，寻芳正当时

花开 5 月，万物勃发。我们的新教育实验，经历了从"激情满怀、密集行动、尝试推进"到"顶层设计、机构建设、成立队伍"的变化，但实事求是、精益求精的心不曾停息，仍激励着英语学校人勇敢前行。

最后，我想用自己前几天写的一篇手记来做一个总结——

步入新阶段　我们在扎根

时光飞逝，转眼进入 5 月。4 月赴海门新教育探秘，到新沂参加年会的余热还未褪去，昨天教育局又组织了新教育校长讲坛，对践行新教育起到了推波助澜的作用。如今新教育在涧西学校已经如火如荼地开展着。

我校是全区新教育的先行者。本学期前两个月，我们以饱满的激情、密集的行动，开启了新教育践行活动的第一篇——尝试篇。通过落实"两读一写一讲一教室"重点工作，我校学生的生活方式、教师的行走方式、学校的日常样态，都发生了明显改变，我们初步尝到了新教育带给我们全新生活的幸福味道。进入五月，我们开启了新教育第二篇——实验篇。我们建立了 29 人的种子教师群，拥有 11 人的共读共写群，成立了晨诵研发项目组、卓越课程研发项目组、班本课程研发项目组。前天我们召开了隆重的成立大会，为"两群三组"的老师颁发了证书，为每人赠送一本《新教育》书籍。看到老师们激动的神情，我犹如看到这 29 颗宝贵的种子已经在扎根。

种子的力量是巨大的。晨诵研发组在裴瑜主任的领导下率先行动。英语研发小组呈现的英语晨诵课有模有样，特别是段晓静老师下午又上了英语晨诵展示课，环节更清晰，效果更突出。新教育内容晨诵研发小组也是雷厉风行，周五下午，四位研发组成员将为大家呈现四节研讨课。下一周新的晨诵样态将会出现，对此我充满了期待。

正确决策和顶层设计让我们有了明确方向，机构建设和研发组成立让我们有了组织保障，种子教师的积极作为让我们拥有了科学实验的力量。相信种子，相信岁月，我看到了新教育实验正在向下扎根，向周围伸展。

2019 年 5 月 8 日下午 3 点

流水静深，芳香自来。让我们在新教育的路上追赶太阳，不负芳华！

第二篇

课题研究

"科学课中自主探究课的课堂教学模式研究"结题报告[1]

洛阳市涧西区英语学校课题组[2]

一、引言

自主探究学习是当今新课程理念所提倡的一种学习方式。它要求学生要做课堂的主人,要在老师的引导下发挥自己的主观能动性,调动自己的各种感觉器官,通过动手、动眼、动嘴、动脑,主动地去获取知识。

"全面提高我国公民科学素养,科学、准确地实施新课标,全面推进素质教育"是我国科学教育发展的方向。但在实际的教学中,科学课的教育过程和效果却不尽如人意,传统的照本宣科式教学已经成为推进素质教育的绊脚石。为此,我校探索研究的"135"自主高效课堂教学模式,在取得显著成绩的基础上,申请参加了全国教育科学"十一五"规划项目"儿童科学教育模式

---

[1] 本研究为全国教育科学"十一五"规划课题"儿童科学教育模式研究"的子课题。

[2] 课题领导:姚莲彩;组长:步青帮;实验教师:步青帮、石佳欣、郭丛扶、刘学锋。

研究"。

其中问题至少有三个：一是小学的科学课如果教师不讲，那么学生能不能自主探究。二是什么样的自主探究教学模式适合小学科学教学。三是小学生在探究时出现的很多专业问题如何解释。基本假设是：

1. 从转变教师的教育教学观念入手，通过改变教师的课堂教学行为——为学生创设自主学习的大课堂，进而让真正意义的"学科学"占主导地位，使学生更好地亲历科学探究的学习过程。

2. 通过实验研究，概括总结一种科学课的自主探究学习模式，推进我校科学课程改革和课堂教学改革，并具有一定的推广价值。

3. 通过实验研究，提高教师的科学素质、教学水平和科研能力；激发学生学科学、用科学、探索科学的兴趣，提高学生发现问题和解决问题的能力。

二、研究方法

本研究采用心理测量和教学实验相结合的方法。心理测量主要针对学生的创造性倾向测验；教学实验主要对科学素养和学科成绩进行测量。

1. 实验对象

根据学业成绩和智力水平相当的原则，从我校二年级4个教学班中抽出二（3）班为实验班，二（2）班为对照班。由于我校班级内有寄宿生，流动性较大，从二年级到四年级三年的实验周期中，学生变化较大，实验班前后一致的人数共 34 人（其中男生 18 人、女生 16 人），创造性倾向为 107.28，二年级科学知识测试平均成绩为 86 分，兴趣性 26.1，发现性 26.4，应用性 11.2；对照班前后一致的人数共 33 人（其中男生 16 人、女生 17 人），创造性倾向为 100.27，二年级科学知识测试平均成绩为 85 分，兴趣性 26.9，发现性 24.8，应用性 11.6。科学的兴趣性、应用性两方面，对照班略高于实验班；创造性倾向，科学的发现性和知识测试，实验班略高于对照班。对照班的平均年龄为 8.4 岁，实验班平均年龄为 8.3 岁。实验周期为三年半，2008 年 9 月起至 2011 年 12 月止。

2. 测试方法

（1）工具：创造性倾向测验用《威廉斯创造性倾向测验量表》（中国台湾地区师范大学林幸台主持修订），科学知识以涧西实验区编印的题目为依据，学业成绩以区期末统考成绩代替。

（2）步骤：以教学班为单位，用团体施测的方式，对实验班和对照班学生同时进行上述各项测验。测验后，按评分要求评出每个学生创造倾向和学业成绩，然后全部输入电脑进行统计分析。

（3）时间：前测在二年级第一学期开始时进行，后测在四年级第一学期结束时进行。

3. 教学策略

（1）实验班的科学教学：在二年级一学年里采用课题组编写的《玩中学科学》教材进行科学教学，每周两节，三年级开始采用全区统一的科学教材，每周两节，课堂上依照我校"135"自主高效课堂教学模式的原则和环节（即："1"为一个原则：先学后教、当堂达标；"3"为三个特点：练习多、活动多、评价多；"5"为五个步骤：明确目标、合作学习、展示交流、练习巩固、达标检测）为原型，根据实际情况进行适当的调整和变化，初步形成："1"个原则，即"玩"——"玩中激趣、玩中发现、玩中探究"。"3"个特点，即"3多"——"活动多、探究多、评价多"。"5"个步骤，即"5步"——激发"玩"的兴趣、开展"玩"的活动、发现"玩"的问题、进行"玩"的探究、实现"玩"中提升。

（2）对照班的教学：在二年级一学年里，对照班不进行科学教学，三年级开始采用全区统一的科学教材，但不采用我校新的模式上课。

（3）对照班和实验班进入三年级后，科学课可能是一个教师担任，数学、英语和其他学科也可能是一个教师，为了保证课题研究的科学性，教师培训时强调课题在隐形环境中进行，避免尊卑心理现象，对两个班除科学课教学以外公平对待，出现的问题不渗透、不互补。

4. 干扰变量的控制

（1）实验班和对照班学生的人数、性别比例要大体相等；

（2）实验班和对照班学生的智力、创造力和学业成绩的水平，要大体相当；

（3）实验班和对照班任课教师的教学水平和管理水平要无太大差别；

（4）保证正常的教学秩序，不造成人为的竞争气氛。

三、结果与分析

1. 实验班（A）与对照班（B）学生创造性倾向前、后测成绩比较。

威廉斯创造倾向测验包括冒险性、好奇性、想象性和挑战性4项内容，连总分共5个分数。实验班（A）与对照班（B）的创造性倾向前、后测成绩见表3、表4。

表3 实验班（A）与对照班（B）学生创造性倾向前测成绩

项目	班级	N	Max	Min	X	S	Z
总分	A	34	126	98	110.29	7.61	1.79
	B	33	137	87	106.58	9.27	
冒险性	A	34	28	16	23.38	2.85	1.56
	B	33	29	17	22.21	3.27	
好奇性	A	34	38	25	31.12	3.02	1.68
	B	33	42	22	29.67	3.97	
想象性	A	34	37	21	28.18	3.93	1.91
	B	33	43	20	26.36	3.82	
挑战性	A	34	34	20	27.62	2.51	-1.14
	B	33	32	20	28.33	2.62	

注：N表示样本数量，Max表示样本最大值，Min表示样本最小值，X表示样本平均值，S表示样本标准差，Z表示z值分析类的数据。

表3显示，实验班和对照班在实验即将开始时，其

总分、冒险性、好奇性、想象性、挑战性分数比较接近，无"显著差异"。上表说明当时实验班学生的创造性倾向除挑战性外，略高于对照班，对照班的挑战性倾向略高于实验班。

表 4　实验班（A）与对照班（B）学生创造性倾向后测成绩

项目	班级	N	Max	Min	X	S	Z
总分	A	34	130	104	116.56	5.49	3.92
	B	33	120	102	111.73	4.56	
冒险性	A	34	30	21	25.53	2.36	-1.20
	B	33	35	18	26.42	3.61	
好奇性	A	34	37	29	31.79	2.21	3.73
	B	33	34	23	29.64	2.51	
想象性	A	34	35	25	30.24	2.54	3.59
	B	33	31	25	28.36	1.65	
挑战性	A	34	32	24	29.00	2.10	3.39
	B	32	30	22	27.30	1.99	

表 4 说明，经过三年的科学实验，实验班学生与对照班学生相比，创造性倾向进步较快，两者的总分由"差异不显著"提高到"差异非常显著"，说明实验班学生创造性倾向的总体水平在两班学生同时发展的基础上速度高于对照班。造成这一结果的主要原因是实验班学生好奇性、想象性和挑战性的后测成绩比前测有了较大提高，说明这三方面的发展，实验班快于对照班。但是实验班学生的冒险性分数与对照班学生的冒险性分数相比呈现负增长，说明实验班学生在知识逐步完善的基础

上，科学的学习态度逐渐形成，冒险性倾向相对于对照班逐步降低。

2. 实验班（A）与对照班（B）学生科学成绩前、后测比较。

科学学业成绩以期末成绩为依据，应该按基本知识、能力技巧、志趣表现三个项目计分，加上总分共 4 个分数。但是实验的第一学年，对照班没有开设科学课，没有期末考试，进入三年级后，期末考试没有严格按照基本知识和能力技巧来考核，成绩只能作为参考。所以，在对实验班（A）与对照班（B）的志趣表现前、后测进行统计分析的同时，后测时对两个班的科学期末考试成绩进行了分析，前测成绩见表 5，后测成绩见表 6，科学考试后测成绩见表 7。

表 5　实验班（A）与对照班（B）学生志趣表现前测成绩比较

项目	班级	N	Max	Min	X	S	Z
兴趣性	A	34	32	16	26.06	4.46	-0.78
	B	33	32	16	26.88	4.11	
发现性	A	34	39	18	26.38	5.35	1.33
	B	33	34	18	24.76	4.66	
应用性	A	34	18	6	11.18	3.25	-1.57
	B	33	18	6	11.64	3.39	

从表 5 可以看出，对照班学生的志趣表现，在实验开始时，兴趣性和应用性略高于实验班，实验班的发现性略高于对照班。整体上看，两个班学生的志趣表现无显著差异。

表6 实验班（A）与对照班（B）学生志趣表现后测成绩比较

项目	班级	N	Max	Min	X	S	Z
兴趣性	A	34	35	25.5	32.40	2.04	5.78
	B	33	34	10.5	26.97	4.91	
发现性	A	34	33	23	28.82	2.10	5.44
	B	33	36	8	23.97	4.69	
应用性	A	34	25.5	8	15.44	3.70	6.42
	B	33	17	0	9.06	4.39	

表6说明，经过3年的教学实验，两班学生各项成绩均出现了显著变化。相对于对照班，实验班的志趣表现整体上得到了很大的提高，从兴趣性、发现性和应用性三个方面与对照班相比均达到了"显著差异"水平，这说明。课题实验促进了实验班学生科学志趣表现的提高，其发展速度明显超过了对照班学生。

表7 实验班（A）与对照班（B）科学考试后测总分成绩比较

项目	班级	N	Max	Min	X	S	Z
总分	A	34	95	84	90.29	3.05	3.49
	B	33	94	70	86.12	6.18	

表7说明，实验班的科学期末考试成绩要明显高于对照班，达到了"显著差异"水平，说明课题实验促进了实验班学生学习科学的能力和水平。

3. 实验班（A）与对照班（B）学生科学素养前、后测比较。

在实验开始时，按照实验区的安排，采用统一拟定的调查问卷，对实验班和对照班的学生进行了科学素养调查，后测时也进行了相应的调查，并对两次调查成绩做了分析，见表8。

表8 实验班（A）与对照班（B）学生科学素养前、后测比较

项目	班级	N	Max	Min	X	S	Z
前测	A	34	80	40.5	60.14	7.71	0.07
	B	33	72	41.5	60.00	7.06	
后测	A	34	83	61	70.86	5.63	4.27
	B	33	80	55	64.85	5.87	

表8显示，实验班与对照班的科学素养，在实验开始时实验班略高于对照班，但无显著差异；实验结束时实验班显著高于对照班，说明实验有效促进了实验班学生科学素养的提高。

四、讨论和结论

1. 小学科学课教师不讲学生能不能自主探究？

本课题实验研究证实，小学科学课可以以学生自主探究为主来完成。实验班和对照班总共102人，前后一致的学生共67人。在实验开始时，实验班学生和对照班学生的创造性倾向、科学志趣表现和科学素养调查大致处于同一水平，无显著差异。实验后测阶段，除了创造性倾向中的冒险性测试以外，实验班学生的创造性倾向、科学志趣表现和科学素养的提高幅度明显高于对照班学生的相应指标，说明在以自主探究的大环境下，小学阶段的学生也能很好地学好科学课，科学素养也能得到较

大的提高。而实验班相对于对照班学生冒险性的负增长，我们认为，是因为在知识和能力不断提高的同时，实验班学生思维更理智、方法更多样、表现更成熟，不再盲目地冒险，甚至莽撞，这也是课题实验的成功之处。

2. 什么样的自主探究教学模式适合小学科学教学？

什么样的自主探究教学模式适合小学科学教学呢？在全面实施新课改的今天，应该以学生的探究需求为切入点，以学生的主动探究为主线，以学生的求知发展为目的，以学生的快乐学习为追求，创建适合小学的教学模式。为此，我校以"135"自主高效课堂教学模式为基础，积极探索出了科学课"135"趣味探究教学模式。学生通过充分的"进空间看看，玩"的参与，积极探究，实现了创造性的提升、科学志趣表现的提高和科学素养的完善。

3. 小学生在探究时出现的很多专业问题如何解释？

我校的科学课"135"趣味探究教学模式在实际应用过程中，让学生充分地玩，激发"玩"的兴趣，开展"玩"的活动，发现"玩"的问题，进行"玩"的探究，实现"玩"中提升。在"发现'玩'的问题"这一环节，同学们发现并提出了很多问题，需要老师用专业知识来解释，例如大气压、透镜的焦距、毛细现象等，如果老师用专业知识来解释，会引出一系列问题，还会造成分散学生的精力等现象。为此我们的科学老师没有用专业的知识来解释，而是列举生活中的现象或实例来帮助学生认识科学知识，既让学生初步建立认识科学知识的表象,也为以后的学习奠定了坚实的基础。这就是我们所谓的生活化科学教育。

五、结论与教育建议

1. 构建了科学课"135"趣味探究教学模式

通过该课题的实验研究,我校总结得出了科学课"135"趣味探究教学模式。具体操作步骤如下:

(1)激发"玩"的兴趣。兴趣是最好的老师,好奇、好动、好玩是孩子的天性,爱玩、好玩、乐玩是孩子的特点和本真追求。"儿童是个有主动性的人,他的活动受到兴趣和需要的支配,一切有效的活动必须以某种兴趣作为先决条件。"因此,在教学中我们常用猜谜语、做游戏等形式多样的活动来设置生活化、趣味化的问题情境,以此激发学生的兴趣和欲望;设置游戏,准备器材,明确规则,强调安全,然后分组、分工、合作游戏,让他们兴趣盎然地参与到活动中,尽情地体验活动,充分地感受活动。

(2)开展"玩"的活动。在学生兴趣盎然的游戏活动中,老师要认真巡视,及时发现问题并指导,要确保学生的安全,特别是一些刀子等尖锐工具的安全正确使用;要能"蹲下来"以孩子的眼光看待周围他们感兴趣的所有事物,对孩子们稚嫩的话语、奇特的想法予以认同,作为他们的伙伴用快乐的语言、鼓励的眼神和他们交流,使之在宽松愉悦的氛围中进行活动,并努力培养他们认真观察、及时记录、积极提问、大胆猜测、积极验证等科学素养。

（3）发现"玩"的问题。在教学中，我们为学生提供足够的时间和机会，让学生充分地讨论、理解。让学生把玩、思、疑、问联结在一起，玩有所思，思有所疑，疑有所问，从而获得更多的自主探究的空间和学习的主动权，并鼓励学生独立地提出问题、分析问题、解决问题，在主动探究的实践过程中掌握新知，培养创新能力。如《香甜的水果》一课，学生经历了柠檬汁改变高锰酸钾溶液的神奇变化，产生"为什么有这样的变化？是谁改变了高锰酸钾溶液的颜色"的疑问并提出想要探究其中奥秘的想法。在知道果汁中的维生素C是改变高锰酸钾溶液的主要原因之后，激发孩子们再次提出"其他的水果果汁也有这样的变化吗？""如果有的话，同样多的不同果汁使同样的高锰酸钾溶液的颜色改变的一样吗"的问题。教学中，老师一定要善于运用多种评价来激励学生多提问题，用一个个孩子们感兴趣的问题来激发孩子们探究的兴趣，进行一步步的探究活动，进而培养他们探究的能力。

（4）进行"玩"的探究。面对学生的疑问，我们不要过早解释，要组织学生合作探究。一是生生合作探究，二是小组合作探究，三是全班集体探究。要让学生与学生之间对话、答辩、争论，让学生在争辩中碰撞出智慧火花，在质疑解惑中明晰努力方向。教师眼观六路，耳听八方，只在关键处加以指导点拨。在教学《气压娃娃变魔术》一课时，下课前，我出示了一个方便挂钩，轻轻地按在黑板的边上，说了句："找一找日常生活中还有类似的利用气压的现象吧！"下课后学生纷纷上台来拽这个方便挂钩，发现要费很大的力气才能拔下来。学生就这个问题展开激烈的讨论，发现了生活中有类似这样的现象。如：钢笔吸墨水、卫生间用的抽子、汽车上的吸盘挂件等，明白了大气的压力把它们紧紧地压在了固定的位置上。还有的同学说爸爸给他讲过苍蝇靠脚的吸盘能牢牢地爬在玻璃上等科学现象。正是这看似不经意的一问激发了学生的探究欲望，促使他们利用课余时间找到问题的根源。

在课堂上，既要对学生积极主动参与探究给予充分肯定，又要引导得出结论，为学生今后解决类似或相关问题导向指路。让学生牢记探究的方法，养成自主探究的习惯，把学习探究变成自己生活的第一乐趣。同时，还要引导学生到图书馆、阅览室，到社会生活中去探究，给学生更多读书、动脑、动手、实践、探究的机会，培养出有思维、有能力的创造型人才。

（5）实现"玩"中提升。我们要根据教材要求和学生合作探究情况，简要归纳、讨论要点、理清概念、明白道理、掌握方法。然后，让学生运用自学和讨论探究获得的知识，学会举一反三，解决类似或相关的问题，巩固和扩大知识。如：在《白光中隐藏的秘密》一课中，学生通过自制彩虹、三棱镜把光分散成七种色光之后提出质疑"空气中没有三棱镜彩虹，又是怎么形成的"疑问，思考、总结出雨后空中的小水滴就像三棱镜一样将阳光分散成七种色光形成了彩虹。接着老师提出"生活中你还见过哪些类似的现象"？引导学生学以致用，运用课堂上的发现解释生活中的现象。教师在活动中始终为孩子提供一个又一个的探究机会，引导学生进行质疑—思考—探究—再次质疑—思考—探究的过程，在螺旋上升的过程中揭示其中的秘密。

2. 用发展的眼光审视模式

（1）模式不是万能的，也不是一成不变的。模式是一种范式，是适应于大多数课堂教学的较为稳定的教学活动结构框架和活动程序。只有教师观念转变了，只有熟悉模式、了解模式的内涵，才能运用模式驾驭课堂，达到预期的目的，并不是任何老师都可以搬而用之。对于灵活多变的课堂，并不一定每一节课都要严格按照模式的环节一步一步进行，而可以根据课型、内容等具体情况来调整、删减。

（2）构建模式是为了打破模式。新的模式是在旧的教学模式或程序不适应新形势的要求而出现的改革的产物，是为了体现新的教学理念而探索出的课堂教学结构框架。使用新的教学模式正像在新形势下的"教必有法"，先用程序化的模式来改变、规范教师的行为，而当教师十分熟练地掌握模式后，就像"教无定法"一样要在模式的基础上，源于模式，又高于模式。所以，构建模式是为了打破旧的教学模式。

参考文献：

［1］科学（三～六年级）课程标准［M］．北京：北京师范大学出版社，2001．

［2］王素，吴颖惠．小学科学教育［M］．北京：学苑出版社，2005．

［2］姚伟峰．注重实验要求，发挥实验效应［J］．苏州特教研究，2003（4）．

"教师信息技术能力的有效转化策略研究"结题报告

"教师信息技术能力的有效转化策略研究"是洛阳市涧西区英语学校承担的河南省"十二五"教育信息技术课题，立项编号为1252011238。2011年11月通过立项申请。2013年3月，通过了省课题组组织的中期检查。一年多来，课题组依据立项报告和课题研究方案，扎实开展了各项研究工作，如期完成了研究任务，取得了预期的研究成果。现将研究工作报告如下：

一、课题提出

（一）我校选择"教师信息技术能力的有效转化策略研究"作为研究课题，主要考虑到以下三点：

1. 教师信息技术是当代教师的必备能力之一

当今社会，信息化是发展的必然趋势。以多媒体和网络为核心的现代信息技术使得知识不再以单一的文本形式传递，而是融入了声音、图片、影像等多种媒体，知识内容的丰富与传递形式的多样，不仅改变着人类的生产方式和生活方式，而且也改变着人类的思维方式和学习方式，引发了一场世界范围的、跨世纪的教育改革。国家发展，教育先行。我们这些教育工作者处于这种大变革时代，也面临着机遇和挑战。信息教育的开展，首先需要教师具备相应的信息意识、信息素质和信息教育能力。根据中小学教师信息技术的独特性，中小学教师信息技术主要指应用技术层面上的计算机技术。它的内涵主要包括以下几种信息能力：运用信息工具的能力、获取信息的能力、处理信息的能力、创造信息的能力、表达信息的能力、发挥信息的能力、信息协作能力和信息免疫能力等。

2. 信息技术对新时代的教育教学至关重要

信息技术的便利性给传统教育教学模式重重一击，传统的黑板加粉笔式教学已不能满足学生的需求。信息技术从教学观念、内容、环境、方式、方法等方面给现代教学带来了巨大的影响。在信息技术时代，信息的来源不再只是教科书，大量的信息来自计算机和网络，并以文字、图片、音频、视频、动画等多种形式呈现。学生的学习不再受时间和空间的限制，可以随时随地学习。要想在学校把一辈子要用的知识都学到，是不可能的，即使是传统的教学内容也需要重新组织与安排。在教学内容上，人们更关注过程和方法，更关注学习的知识和能力，正所谓"授人以鱼不如授人以渔"。在教学环境的营造上，要为学生创造最有利的"信息获取"环境，使其变为帮助学生探索、发现、学习的认知工具。投影、计算机、网络等多种媒体的科学结合成为现代教学环境的强大技术支持。在教学方式上，当互联网和虚拟现实进入课堂时，所有的教学资源都必须围绕学生学习来进行优化配置。老师要教会学生在信息大海中游泳的本事，帮助学生解决学习过程中的问题，帮助学生形成一套有效的学习方法和解决问题的方法。因此教师必须将教学媒体当作重要的信息资源，而不是辅助工具，着重组织学生的自主学习活动，并利用小组讨论、辩论等形式，培养学生的信息读写能力。远程教学、个别化学习、合作学习、同步教学等新的教学模式已经出现在教育界，并逐渐为绝大多数教师所接受。

3. 我校信息技术校本培训的经验能为课题研究保驾护航

我校领导高度重视学校教育信息化的发展，高度重视信息技术在课堂教学中的运用。我校是洛阳市最早开展多媒体教学的学校之一。早在2004年，洛阳市中小学大都只有一个多媒体教室时，我校就自筹经费为二十多个班级安装了多媒体设备，为年级组办公室配备了办公电脑、打印机、扫描仪等设备，还制作学校网站，建设了学校局域网，并接通互联网。为了使设备更好地为教育教学服务，学校有计划、有步骤地对教师进行了信息技术应用的校本培训。每年寒暑假我校都组织全体教师进行信息技术校本培训。主要培训内容有：Windows 的认识及基本操作；Office 的了解，其中重点学习了 Office 中的 Word 文档、Excel 电子表格、PPT 幻灯片制作等基本操作方法；校园网的使用，网上素材搜索、下载；图片简单处理、电脑绘画；收发邮件等。除了寒暑假，我们还利用周末时间对教师们急需的信息化知识进行培训。培训方式除了集中培训外，还探索实施了分组培训、分学科培训、分层次培训和以考代培的方式进行。由于培训工作扎实有效，我校教师的信息技术能力提高很快，教育教学也得到了长足发展。信息技术方面也屡屡获奖，学校多次获得洛阳市电化教育先进单位。

虽然我们为本校教师进行了信息技术培训，我们也紧跟信息技术的发展步伐，但仍然稍显缓慢。此外，教师队伍的不断更新，教育教学的要求不断提高，老师们还出现听时会、用时忘的现象，这些都是我们面临的实际问题，急需解决。我们选择本课题研究，就是要探索出在课堂教学中教师如何提高应用信息技术能力的有效策略，为提高我校教师的综合素质打下坚实的基础，为我校教师专业化的发展创造更好的环境和条件，促进新课程改革在我校向纵深方向发展，最终为提高我校的课堂教学质量服务。

(二) 国内外中小学教师信息技术现状

1. 我国中小学教师信息能力分析

教师教育观念落后。由于受传统教育观念的影响，外加传统教育往往能够收到立竿见影的效果，因此教师中心论观念在人们的脑中根深蒂固。有什么样的观念必然导致什么样的行为，因而就会出现对教育信息化不适应甚至反感、抗拒的现象。

信息素质低。我国教育信息化起步较晚，大部分教师具备的信息技术能力都是经过短期强化培训获得的，加上设施不足和其他原因，信息技术教育往往流于形式、走过场，收效甚微；有些教师虽经考试过了高级，却连基本的文档编辑都不会，而课件制作、网络知识更是一窍不通，根本谈不上把信息技术应用于教育教学实践。

误解信息技术。目前信息技术课程的教学内容大多是计算机基础知识和工具操作，没有突出信息技术在收集、处理和应用信息方面的训练以及信息技术进行与其他学科教学的整合。致使教师误认为信息技术就是以机器代替教师讲课，代替教师板书或是以电子教材代替印刷教材。这种理解与信息技术教育的目的背道而驰。

2. 国外中小学教师信息能力分析

美国是教育技术的发源地，长期以来不仅引领着全世界教育技术的研究和发展，而且在教师教育技术培训方面也走在前列。他们把教师教育技术的要求作为教师资格认证的一部分，早在 1993 年就制定了教师教育技术标准作为审核教师认证、培训相关项目的依据。美国培训教师教育技术的工作主要由一些有资格的教育院校承担，多是通过实验、实习的途径与方法强调在实践中学习。

日本对教育相当重视，在教师培养上的投入也非常大。为了培养教师的教育技术素质与能力，日本对教育、心理类公共课程进行调整，开设了旨在提高教师教育技术能力的课程，如《教育的方法与技术》等。日本每年有 20 万中小学教师参加信息技术培训，有的接受培训学校的培训，有的参加各种研究团体和企业主办的培训班等。日本的教育技术培训是从职前贯穿到职后，特别是职后培训形式灵活多变，不求统一。

（三）研究价值

1. 通过本课题的研究，将提高我校领导和教师对信息技术的认识，健全我校的信息技术管理、教学规章制度。

2. 通过本课题的研究，我校将加大对教师进行信息技术的学习、应用等方面的培训力度，进一步提高我校教师信息技术能力。

3. 通过本课题的研究，我校将争取加大在信息技术硬件建设方面的投入，以改善我校信息技术环境。

4. 通过本课题的研究，我校将研究出切实可行的培训方案，使得教师信息技术能力得以有效转化，更好地服务于教学，使学生受益，学校得以发展。

（四）研究保障

1. 制度保障

自成立课题组以来，我校领导就高度重视该课题的研究，并将该课题研究纳入学校工作规划中，拟定了教师培训学习制度、教师信息技术能力申报制度和课题相关研究制度。

2. 人力保障

姚莲彩校长亲自任课题组组长，她对教育教学研究十分专业，且创新意识强；教导主任步青帮任课题组副组长，他擅长信息技术和课题研究；实验老师都是由语、数、英学科骨干教师担任，他们都有比较高的信息技术素养和能力，科研能力强；课题组成员刘学锋老师是计算机专业毕业生，是我校的计算机老师，对教师培训和信息技术指导能独当一面。此外，我校还邀请区电教馆馆长和市电教方面专家作为课题组指导专家。

3. 物质保障

我校历来在教育教学投入上都舍得花大力气。为了确保该课题研究高效进行，我校投入 9600 元将原有的 2M 光纤升级到 10M；投入 6 万余元购置了两台 SONY-Z5C 专业摄像机来实施微格教学和录制老师们的录像课；将年级组电脑更新换代，并且由一台增加到两台，满足教师们的备课、制作课件和学习提高需要；选派老师 4 人次参加课题组的立项和结题培训，组织老师赴江苏考察学习学校信息技术建设先进经验等。

（五）课题关键词界定

1. 信息技术能力

信息技术：是指在计算机和通信技术支持下，用以获取、加工、存储、变换、显示和传输文字、图像以及声音信息，包括提供设备和提供信息服务两大方面的方法与设备的总称。

（应用）能力：是指个人在一定的具体情境下能够运用所学知识解决问题的能力。

信息技术（应用）能力：是指个人在信息技术条件充分的环境下，运用所学知识结合信息技术手段解决问题的能力。本课题范围内，专指教师运用所学知识和信息技术解决教学（课前、课中、课后）过程中的各类问题的能力。

2. 有效转化策略

有效：有成效，有效果，有效力。在本课题研究范围内，实指"有成效，有效果"。

转化：转变。

策略：可以实现目标的方案集合；根据形势发展而制定的行动方针和斗争方法；有斗争艺术，注意方式方法。在本课题研究范围内，实指"可以实现目标的方案集合"。

二、研究设计

（一）研究目标

1. 探讨出适合我校教师信息技术培训的方案，加大培训力度，提高现代教育技术素养，更新观念，内化教育技术应用理念。

2. 进一步充实我校的信息技术资源库，畅通共享路径，实现最大的资源共享。

3. 构筑我校教师信息技术能力的转化模式，提高教师对信息技术信息的获取、处理、运用、表达、创造、发挥、协作和免疫等能力。

（二）研究内容

1. 科学的教师信息技术培训方案，合理的教师信息技术培训内容，以及培训的奖惩措施。

2. 信息技术资源库的管理体制，资源共享的奖惩体制。

3. 教师应用信息技术的管理、奖惩措施。

4. 教师信息技术能力的转化模式。

(三) 研究对象和方法

我校的研究课题为"教师信息技术能力的有效转化策略研究",所以研究对象为我校全体教师。

本课题的研究是在教师培训和教学活动中,经过不断探索、不断改进完成的,信息化环境也在不断更新、完善。所以本研究以对比研究法为主。辅助研究方法有调查研究法和经验总结法。

在课题研究过程中,主要通过对教师信息技术能力的不断提高和转化的过程进行跟踪,研究这些变化前后给课堂和学生带来的影响进行对比。

三、研究过程

实验阶段:本实验自 2011 年至 2013 年。实验周期为两年,共分三个阶段:

1. 准备阶段

2011 年 3 月至 2011 年 9 月,建立研究机构,对实验教师进行初期培训,组织实验教师外出学习,启动小范围对照实验,制定研究方案和具体实施计划。

2. 实验阶段

2011 年 9 月至 2013 年 4 月,按实验计划预先的研究方式定期召开课题具体负责人会议,落实课题研究任务,总结研究情况,提出新的措施,积累、收集、分析和整理研究数据和具体材料及体现研究成果和问题的一切记录，撰写阶段性小结。

本课题申请立项时实验教师兼顾了每个学科，都是学校的骨干教师，但中途尤亚纯老师因别的原因，不能继续参加该课题研究，经过学校领导和课题组研究决定，将尤亚纯老师更换为信息技术老师刘学锋。刘学锋老师毕业于洛阳师院计算机专业，有较强的业务能力和计算机操作水平，曾经参加过课题研究，他还是我校信息中心的副主任。

3. 总结阶段

2013年4月至2013年5月，筛选、整理、分析、加工研究资料和数据，撰写课题研究报告，申请成果鉴定。

本课题立项时，原计划实验周期为三年，后来根据上级精神，将实验周期缩短至两年，所以，实验阶段和总结阶段根据实际情况作了变动，总结阶段也稍显匆忙。

四、研究检测、效果和分析

（一）对教学实验数据的采集通过下列工具

《"教师信息技术能力的有效转化策略研究"前测题》（参见附件1）

《英语学校教师信息技术培训调查问卷》（参见附件2）

《教师计算机培训调查表》（参见附件3）

《涧西区英语学校教师培训记录表》（参见附件4）

《"教师信息技术能力的有效转化策略研究"后测

题》(同附件1)

（二）数据采集过程

对研究数据的采集整理过程如图4-1所示：

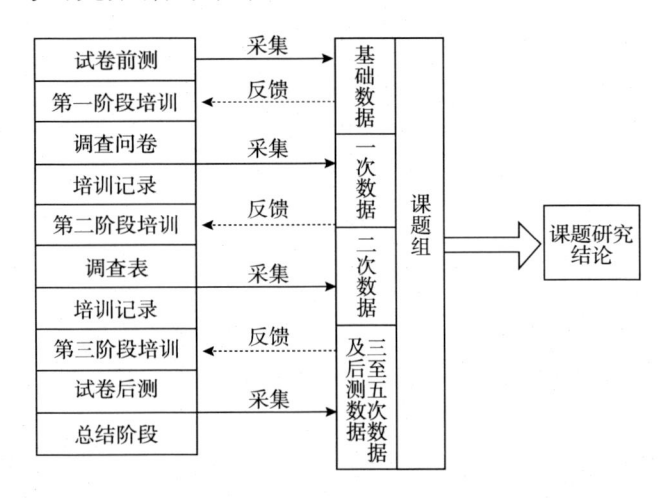

图 4-1 数据采集过程

在调查正式开始前做了较充分的准备工作：

首先邀请专家对试卷设计提出指导和要求，然后课题组根据专家的意见对试卷进行修改，调查之前还对试卷调查人员进行培训，明确调查流程、目的和要求。

（三）研究前、后测数据统计分析

研究前、后测试卷的发放与回收情况如表4-1所示：

表4-1 前、后测试卷发放与回收情况

阶段	发放问卷	回收问卷	回收率	有效问卷	有效率
前测	71	68	95.8%	68	100%
后测	71	66	92.9%	66	100%

我校课题组成员对前、后测数据进行了认真分析。虽然前、后测回收的有效问卷分别为 68 份和 66 份，但由于有教师的调动，所以前后测能一一对应的为 58 份，我们分析的对象也缩小到这 58 位教师。

课题组对教师前、后测成绩进行了分析，数据如下：

表 4-2 的数据显示：通过学校组织的培训，教师的前后测平均成绩提高了 21.52 分，最高成绩提高了 11 分，最低成绩由 43.5 分提高到 57.5 分。这说明培训效果比较明显，特别是教师信息技术能力的整体提高了很多。

表 4-2 前、后测整体成绩分析

阶段对比值	平均分	最高成绩	最低成绩
前 测	62.44	89	43.5
后 测	83.96	100	57.5
提高值	21.52	11	14

图 4-2 的数据显示：我校教师中女性占绝大多数，对信息技术，特别是硬件操作可能不占优势；我校教师年龄比较年轻，对新知的接收可能比较快；我校教师教龄集中在 6~15 年，教育观念的转变可能比较快。针对以上特点，我校课题组根据实际情况选定了培训内容和方式。

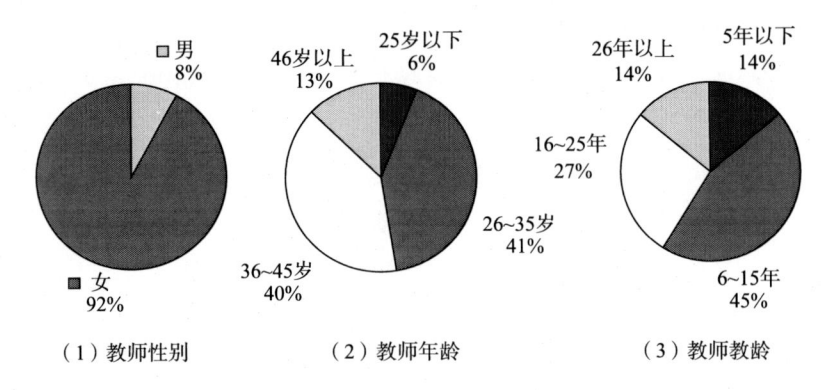

（1）教师性别　　（2）教师年龄　　（3）教师教龄

男 8%
女 92%

25岁以下 6%
46岁以上 13%
36~45岁 40%
26~35岁 41%

26年以上 14%
5年以下 14%
16~25年 27%
6~15年 45%

图4-2　我校教师性别、年龄和教龄分布情况

表4-3的数据告诉我们：通过几个阶段的信息技术培训，我校全体教师的计算机硬件知识有了明显提高，特别是操作题：请在8分钟内将主机箱、显示器、键盘、鼠标和音箱正确地连接在一起，并开机将桌面上的软件（ACDSEE 9.0）安装在电脑的D盘，且能正常运行。该题共15分。在前测时部分老师对主机箱后面的端口不认识，无从下手，软件安装操作生疏；后测时，大部分老师都能熟练连接各部分硬件，软件安装也得心应手。

表4-3　计算机硬件知识掌握程度前、后测对比（百分数为正确率）

阶段	第1题	第2题	第7题	操作题
前测	74%	39%	90%	8.23分
后测	85%	60%	100%	14.37分

表 4-4、图 4-3 的数据表明：教师对培训的需求比较强烈的是网络知识的应用和 PPT 的制作，以前不被教师关注的电脑维护、音视频处理和图片处理，因为工作效率和课件功能的要求，逐渐变为需求较强烈的项目。

表 4-4 教师对信息技术培训需求调查统计表（调查人数：52 人）

人数比	Windows 操作系统	电脑维护	Excel	Word	PPT	音视频处理	图片处理	网络
需求人数（人）	26	37	34	29	44	37	39	45
所占比例	50%	71%	65%	56%	85%	71%	75%	87%

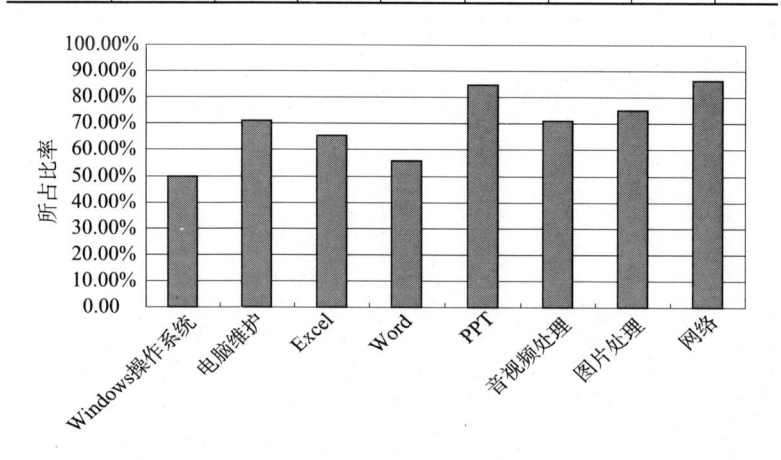

图 4-3 各项信息技术需求占比

图 4-4 的数据显示：通过几个阶段的信息技术培训，我校全体教师的 PPT 掌握水平从基础知识、操作技能、文件打包、音视频插入、动画设置等方面均有不同程度的提高，特别是操作技能和技巧方面，教师们提高的最为明显。

图 4-4 PPT 掌握程度前、后测对比

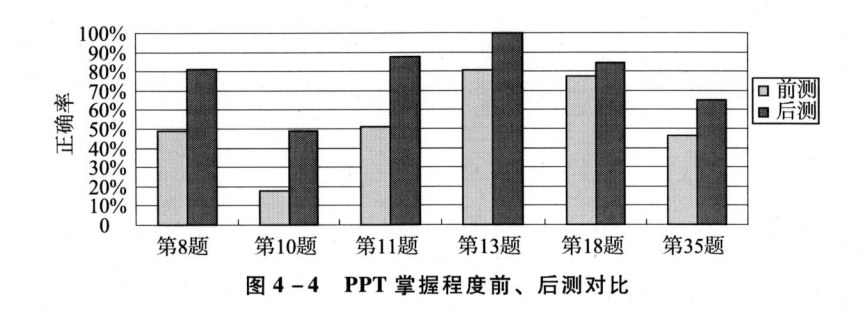

图表 4-5 的数据显示：通过几个阶段的信息技术培训，我校全体教师普遍喜欢互动研讨式培训和案例教学式培训，因为这两种培训针对性强，实效性强，靠近教师的需求，是"以需定训，以求定训"的有效依据。

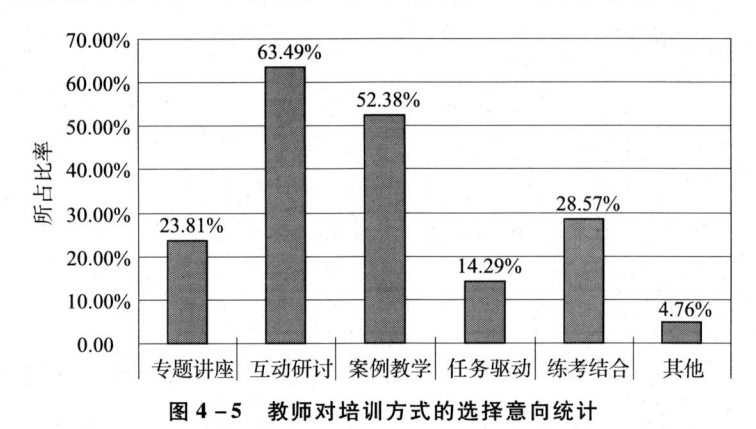

图 4-5 教师对培训方式的选择意向统计

五、研究成果和创新

（一）研究成果

1. 明确了提高教师信息技术应用能力的培训原则

以校本为原则：学校领导是校本培训的发起者和组

织者，在培训中起主体作用；教师一边工作，一边还要接受信息技术的专题培训，态度在培训中起决定作用；符合自己学校实际的培训方案和各项制度，是培训高效进行的保障；根据教师实际，采用全员培训、分层培训、分学科培训和以考代培等相结合的培训模式，可以使培训结果最优。

教师需求原则：坚持满足教师整体和个体的需求，以需定训；坚持共性和个性相结合，以求定训。

追求实效原则：校本培训应理论联系实际，注重唤起教师的自觉参与意识，使之能够对教育教学进行反思，主动发现问题、研究问题、解决问题。在培训中提高，在培训中成长。

我校还有部分寄宿生，因此教师的教学工作量大，集中学习培训难度大，学校除了规定集中培训外，学校信息中心成员还随时对各组进行培训。

2. 提高教师信息技术能力的培训策略——"六环"培训策略

"六环"是提高教师信息技术应用能力培训的六个环节，即"以需定训—精挑细选—多元培训—全程检测—汇集成册—有效转化"六个环节。

以需定训：在进行本课题研究时，课题组针对我校师生应用信息技术的现状，制作设计了专门的调查问卷，并对调查的结果进行了数据统计和分析，了解了本校师生在信息技术方面的迫切需求，为制定校本培训的内容选择提供可靠的事实依据。

精挑细选：通过问卷调查，结合学校日常工作中的需求，课题组分层次为全校教师拟定了培训内容。培训内容包括两大版块：第一板版为"通识篇"，侧重于理论学习，内容包括《英语学校教师教育技术能力标准》和"信息技术与课程整合"相关理论，培训形式为课题组提供学习资料电子稿，年级组带领教师网上自学。第二板版为"基础篇"，侧重于实践操作，内容包括中文Windows的认识及基本操作、文字处理工具Word操作基础、电子邮箱操作基础、多媒体课件设计与制作基础以及课件工具Powerpoint基础等五个方面。每学期寒暑假集中培训一次，学期中间兼周培训一次。重点培训常用Office套装软件的了解；信息技术相关设备的正确使用、校园网站常规管理版块的使用；网上素材搜索下载、邮箱相关操作；PPT演示文稿的制作、图片简单处理、Flash课件的制作等。这些内容之间有一个由浅入深的关系，同时针对教师不同年龄段和不同学科需求，适当调节培训内容。

多元培训：为了使课题研究顺利进行，近几年来我们一直坚持在寒暑假的校本培训中，针对精选的内容来安排信息技术相关的全员培训，主要方式有两种，一种是请校外专家来校进行专题培训，另一种就是校内教师间相互学习，同伴互助。此外，我校还把兼周周四下午作为信息技术专题培训时间，培训时间一个小时。

全程检测：通过一段时间的校本培训，各学科教师在信息技术应用能力方面有所提高，综合素质整体提升，在教学中的应用有了一定的驾驭能力，但不免还会存在一些问题和困惑。因此在本课题研究接近尾声时，我们有针对性地对各科教师进行了信息技术应用能力的知识测试，并根据反馈的问题对培训内容和方式进行了修改。

通过问卷调查与访谈，我们发现了几个问题：

问题一，信息技术应用的常规化是必然趋势，虽然 Flash 课件不论从操作的稳定性，视觉的可欣赏性，还是表现形式的多样性、易接受性都要远超 PPT 课件，但是它的繁复程度也是让老师们头疼的问题。上一节课 40 分钟，运用信息技术可能就那么几分钟，却要花上好几天的时间来设计制作，这成本是否划算？是否能通过网络等渠道快速获得？如何能快速建立一个学校内部检索方便、资源丰富的资源库？

问题二，信息技术的发展受硬件发展的制约。一种新型的设备问世，随之相应的技术也跟着发生变化或者根本的转变。比如银幕式的多媒体设备和交互式电子白板类设备（包括触摸电视一体机）之间就发生了巨大的变革。随着材料技术的快速发展，设备更新换代会更加的频繁，我们的老师们就需要经常去更新和充电，否则就跟不上时代发展的脚步，作为教育也就跟不上现代化发展的步伐，压力之大是可想而知的。这样的问题如何解决？有待我们下一步探讨。

汇集成册：根据对我校老师的调查问卷分析和课堂具体实践情况和效果，以及反思存在的些许问题，对每节培训课的内容进行再反思，再修改，最后形成符合我校实际、具有我校特色的教师信息技术培训课程，并汇集成册。

有效转化：培训学习是为了提高教师的信息技术水平，提高信息技术水平的目的是为了辅助教学。然而，信息技术水平提高与教学运用信息技术水平的提高并不是成正比的，如何让教师把信息技术运用于教学、服务于教学，还需要就信息技术与课程整合进行观念的转变，即提高教师信息技术服务教学的素养。我校主要分学期开展课堂研讨活动，除了要求教师做到"以生为本，先学后教"，还特别对教师合理运用信息技术手段进行评价和考核，旨在让教师把学到的信息技术合理、科学地运用到教育教学中去，提高学生的信息技术素养，培养能适应现代信息技术发展需要的新型人才。

六、评价反思

（一）教师应用信息技术的能力显著提高

常态化的信息技术能力训练和信息技术应用的硬性要求，促使我们的老师在综合应用能力上得到了很大的提高。在课题研究初期的2011年，很多教师在网络上查找、搜索资料时经常会遇到不会下载的情况，经常会找信息技术专任教师咨询或者求助；也有很多教师想自己制作多媒体课件进行教学，但是又不知如何下手，即使做了也要找"师傅"帮忙修改和加工，但是现在几乎没有这种现象。查找资料、邮件收发、视频音频下载、课件制作、多媒体教学设备（比如电子白板）等，我们的绝大部分教师都能得心应手的完成。

（二）学生应用信息技术的能力明显增强

通过强化教师应用能力的训练，使得课堂教学充满了现代化的气息，从而激发了学生们学习信息技术的热情。比如，课间时不时会听到学生问："你的QQ号是多少？""咱班的QQ群又有新的内容了。""你看到我的博客了吗？""我有自己的空间了！""你的邮箱是什么邮箱！……"这样的对话；老师问：你怎么知道得这么多？学生多分会说："从网上查的。"

学校从四年级开设了信息技术课，通过每年的统一测试，我们发现，学生的信息技术应用能力也在不断地提高。2010年，我校学生参加电脑设计大赛，获奖率为40%，到2012年我校的获奖率达到64%。

（三）研究成果具有一定的影响力

通过大家的努力，课题组成员及其他教师先后撰写了一批论文和案例，并在各级各类的评比活动中获奖。如：姚莲彩、步青帮等课题组成员均顺利通过了省课件制作或教学设计与资源应用培训；姚莲彩校长执教的录像课《降落伞的秘密》、执教的交互式电子白板科学优质课《测量长度》、指导的电教优质课《降落伞》等均获得省、市级奖励，撰写的论文《五部曲让教师在学习培训中破茧成蝶》在《教育时报》上发表；步青帮的信息技术与学科教学整合课例《降落伞》获第十六届多媒体教育软件大奖赛省一等奖、论文《信息技术教育辅助实践活动的探究》获一等奖、课件《认一认祖国政区》获市远程教育应用成果一等奖、指导的课《负数的初步认识》《观察人体识汉字》均获得 2012 年农远优秀成果一等奖；贾璞老师的语文优质课《写一个任务群体》获得市一等奖；李晓婵老师的英语优质课获得市一等奖；刘学锋老师荣获"全国第十二届小学生电脑制作活动"洛阳赛区"优秀辅导教师"称号；等等。

（四）研究中存在的问题及今后的研究设想

课题研究过程中，有些教师对课题研究的实质性理解存在不同程度的偏差。目前绝大多数学校信息技术与学科课程的整合形式，还是以教师操作、学生观看大屏幕为主，其强大的网络功能和超文本功能和交互式功能远未开发。对此，我们一方面加大成果提炼的力度，努力让一些有价值的经验尽量上升到一定的理论高度，并用来指导我校教师的课堂教学实践，让课题的研究价值尽快地发挥出它应有的功效；另一方面根据课题研究中出现的新问题，根据教育教学改革发展的新形势，深化研究，进一步修改、完善实施方案，并注意向其他方面拓展。

七、研究组织

英语学校"教师信息技术能力的有效转化策略研究"课题组

组　　长：姚莲彩（校长）

副组长：步青帮（教导主任）

成　　员：刘学锋　韩高峰　丁雪晓　贾　璞
　　　　　　杨小艳　李晓婵

顾　　问：梁建中（区电教馆馆长）

参考文献:

[1] 胡尊东. 中小学教师信息技术的内涵及提升的意义 [J]. 当代教育论坛, 2006 (6).

[2] 中小学教师信息技术能力标准. 国家教育部发行.

[3] 王洋. 对农村中学教师信息技术培训的思考 [J]. 教育信息化, 2004 (8).

[4] 姜德照. 中小学骨干教师信息技术能力的缺憾与培训策略 [J]. 教育信息化, 2005 (1).

[5] 马宁, 余胜泉. 信息技术与课程整合的层次 [J]. 中国电化教育, 2002 (1).

第四篇

教育思考

如何让科学实验教学落地、生根、开花、结果

科学课大部分知识是要求学生通过动手实验去发现、理解、运用。实验是学习科学最重要的手段之一。做实验可以激发学生热爱科学的情感，有效训练学生的思维，提高学生的科学素质，发展学生的能力。目前由于各类原因，科学课的实验教学很不理想，严重影响学生的积极主动和科学素养的提升。那如何让科学实验教学在教育教学过程中生根、开花和结果呢？下面从三个方面来交流我们的体会和做法。

一、目前实验教学存在的问题

1. 教师不专业，难以胜任；
2. 教师精力不足，时间有限；
3. 思想上不重视，重教轻实验教学；
4. 耗材不足，实验无法进行；
5. 教学课时有限，实验时间不能保障；
6. 课堂上用于探究实践活动的时间不能保障；
7. 教师准备不足，演示实验效果不明显，学生实验要求不明确，组织不得力，指导不到位；

8. 缺乏有效评价，学生重视不够。

二、我校加强实验教学的做法

1. 配备专业教师执教

其中两位专职科学教师中，王俊鹏老师学的是物理专业，郭丛扶老师学的是化学专业，他们都曾在中学执教过很长时间的专业课，拥有丰富的实验教学经验。

2. 减少专职教师任课量

其中两位专职教师除每周 14 节课外，并分别管理仪器室和实验室。尽量保证他们有充足的时间研究实验教学。

3. 制定实验目录和实验计划，明确实验教学任务

我校按照大象版（大象出版社）教材中对学生实验的要求，列出了各个年级、各个学期的分组、演示及必做、选做实验目录，明确了实验所需的仪器和用品。实验目录下发到所有科学老师手中，使科学老师做到心中有数。学校还将实验目录做成展板，装订在实验准备室醒目的位置，时刻提醒科学老师按照实验目录和计划完成实验教学任务。

4. 想方设法准备实验材料

除了充分发挥已经拥有的器材和材料之外，我们充分发挥学校食堂的优势，请食堂采购人员及时购置实验所需的材料。例如需要的食盐、糖、碱面、醋、淀粉都是从学校食堂直接领取；像洋葱、鸡蛋、西红柿、胡萝卜、瘦肉、肥肉、苹果等都是采购人员购买；像一些量

比较少的材料一般都是自己从家带或者自己购买的；还有一些材料需要老师自己动手制作或准备，像制作降落伞，提前准备土壤、沙土。

5. 整合教学内容，保证学生实验的时间

一般情况，每个单元三四节课，老师将学习内容进行合理的整合，将相关联的内容集中在一起学习，这样一方面节省了讲授的时间，另一方面学生实验的时间也得到了保障。例如在学习第五册第二单元"时间的脚步"时，把第一课时和第四课时前半部分进行整合，再把第三课时和第四课时的后半部分内容整合，整合出的一节课让学生充分研究钟摆的秘密。

6. 创新课堂结构，实施"51025"教学

为了保障课堂上学生实验的时间，我们实施了"51025"教学，即教师演示时间控制在 5 分钟；知识学习控制在 10 分钟，学生能自学会的，教师不讲；学生讨论能明白的，教师不讲；教师做的是激趣、示范、答疑、组织、指导；学生分组实验控制在 25 分钟，这样学生就有充分的时间讨论制定方案，实验验证猜想，分析实验现象和数据。

7. 认真组织和实施实验教学

（1）科学老师按照实验教学计划认真备课，写好教案，填写《实验通知单》，在规定的时间交实验室并检查所用仪器和器材的准备情况，试做实验，做到"胸中有数"。

（2）科学老师指导学生做好课前预习，明确实验目

的，掌握实验原理，并划分实验小组，强调实验纪律，重视安全操作教育。

（3）实验室按照实验要求，使需要的仪器处于完好状态，备足药品和材料，检查通风、电源、水源及其他设施。

（4）科学老师在实验中应巡回检查，耐心指导学生进行实验，发现问题应及时给予启发引导，并及时进行解决，但不可代替学生去做实验。

（5）实验结束后，科学老师应及时小结实验情况，对实验中普遍存在的问题讲评，并组织学生收拾好实验仪器和材料。

8. 四准备四熟悉高效率上好实验课

（1）思想准备。教师对实验教学的目的、意义、作用和方法要有正确的认识；对教材，学生有正确的了解、分析和判断；对实验的选择、设计和步骤有全面考虑。

（2）物质准备。实验前，有关器材设备一定要准备齐全，并认真检查，保证完好无损。并对每一件仪器及物品名称、作用、使用方法、注意事项都应了解。特别是易燃易爆有毒物品更要注意。

（3）试做准备。在实验教学实施前，教师应先把设计中的每个实验试做一遍，保证实验准确无误，高效率完成。

（4）组织准备。在实验前要把小组分编，固定座位，采集标本，自制仪器以及校外观察与实验的安全教育等工作精心安排，保证实验教学顺利进行。

（5）除上面四项准备工作外，实验教师还要做到四熟悉：熟悉教学课标、熟悉实验目录、熟悉仪器性能用途、熟悉实验内容。

9. 评价激励，调动学生热爱实验科学探究的积极性

课堂上为了调动小组合作的积极性，经常采用画星星、加分、发小红旗等给小组评价，根据小组的计分给成员发放不同数量的幸福卡，并把结果计入学生"德育银行"，作为评价幸福免试生的重要依据。

三、对提高实验教学有效性的建议

1. 尽量配备专业教师任教，这是基础。

2. 加强对教师专业培训，提升专业水平，适应科学教学需要，这是前提。

3. 加强学科研讨，可以针对不同的专业学习内容，由拥有专业特长的教师引领和指导，进行高质量的集中备课，这是保障。

4. 对教材学习内容进行有效整合，腾出充足时间组织学生进行实验，积极培养学生的动手实验、科学探究的能力，这是根本。

5. 评价激励，可以探讨把科学实验纳入期末考核范围，采取抽测的办法，对学校、教师和学生进行奖励，以调动全体人员对科学课教学的高度重视，这是目标。

6. 建立评价奖励机制，调动学生实验探究的积极性。为了调动小组合作的积极性，教师可采用画星星、

加分、发小红旗等奖励方法,并把这些奖励存入学生"德育银行",作为评价学生的重要依据。

[此文发表在《河南教育》(基教版)2015年第7—8期]

创建"五真"课堂，提高探究式学习质量

《小学科学课程标准》明确提出：探究式学习是学生学习科学的重要方式。探究式学习是指在教师的指导、组织和支持下，让学生主动参与、动手动脑、积极体验，经历科学探究的过程，以获取科学知识，领悟科学思想，学习科学方法为目的的学习方式。

目前，探究式课堂学习普遍存在着创设的情境不能有效引发学生思考，提不出感兴趣或有价值的问题；学生不会有根据的大胆猜想，从而制定出探究方案，开展有效的探究活动；缺乏对实验现象进行分析总结得出科学结论的能力；不能将学到的知识与生活实际联系起来、学以致用等。如何引导学生进行科学探究，有效提高探究式课堂学习的质量，从而培养学生提出科学问题的能力、收集和处理信息的能力、获取新知识的能力、分析问题和解决问题的能力、交流与合作的能力等，这是摆在我们科学教育工作者面前亟待解决的难题。为了解决这一难题，我在长期的课堂教学中进行了创新实践，通过创建"五真"课堂，有效提高了探究式课堂学习的质量。我按"五真"课堂要求执教的四节课都在全国"一

师一优课 一课一名师"活动中获得了部优奖；我执教的《水落"盐出"》一课喜获省一等奖，并在全省科学教师培训大会上进行展示。

一、创设真情景

兴趣是最好的也是最持久的学习动力，情景是激发兴趣诱发思考积极的场。置身于真实的情境，学生的情感就会被触发，智慧就会被点燃。为了吸引学生注意力，激发学生积极思考、主动参与的热情，教师要特别注重创设有趣味，有价值的真实情景。一般创设情景的方法有：演示实验法、播放视频法、活动体验法等。例如在执教大象版《科学》五年级上册第四单元第三课《冬暖夏凉的房子》一课时，教师可以运用播放视频法。为了创设真情景，课前教师可以带领学生进行实地考察，把学生在考察时感受到很热的场景，设计冬暖夏凉房子的想法，和他们认真观察房子是铁皮做的、墙壁很热、房间没有空调、房子朝向等问题，都如实拍摄下来。开课时，教师可以首先播放这段视频，同学们就可以立刻被吸引住；同学们想设计冬暖夏凉房子的想法，会立刻引发全体同学的共鸣。这时同学们的激情会被点燃，智慧之门会被打开，积极要求设计冬暖夏凉的房子，科学探究就可以在这样的真实情景中开始。

二、提出真问题

科学探究活动是以问题为中心进行的。探究的问题必须是真实的、有价值的，探究活动才有意义。那么，如何激发学生积极思考、发现问题、提出感兴趣又能够研究的科学问题呢？这需要教师在创设真情景时要巧设疑，要将研究的问题置于情景之中，要能引发学生情感共鸣和思维冲突，学生才有可能积极思考、提出感兴趣和想研究的问题。一般通过激发学生自我思考、同桌讨论、教师帮助的方法引导学生提出问题。例如在执教冀教版小学《科学》五年级上册第14课《传热比赛》时，教师可以通过演示实验来激发学生积极思考，从而提出要研究的问题。这节课是在学生学习了《冷和热》的基础上，探究热是如何传导的及不同的物体传热的快慢不同。为了引导学生积极思考，提出真问题，一开始上课，教师可以给学生做演示实验，给在不同位置粘有火柴棒的铜条一端加热。加热前，教师可以先让学生大胆猜想可能会有什么现象发生，启发式的引导激发了学生的积极思维，大家纷纷参与到猜想中，各种想法汇聚在一起。谁的猜想是正确的呢？就在大家急于想知道结果的时候，教师开始演示实验，实验的结果是离火焰最近的火柴棒先掉落，由近及远依次掉落。实验的结果令学生兴奋异常，这时教师就可以顺势启发学生思考：通过火柴棒掉落的顺序你有什么科学发现呢？学生在积极思考中。在同桌讨论中，提出热是可以传导的，能从温度高的地方传向温度低的地方。这节课我们就来研究同学们提出的问题，探究活动在学生的期待中顺利进行。

三、开展真探究

科学探究是一项严肃而认真的探究活动，要求实验要科学，过程要严谨，记录要真实，结论要准确。通过开展真实的探究活动，提高学生的实验探究能力，培养学生的实证意识，促进学生形成科学的思维习惯，养成严肃认真的科学态度。那么如何提高探究活动的科学性和有效性，组织学生开展真实的探究活动呢？

第一，要鼓励学生大胆猜想，开展有依据的科学猜想活动。在执教大象版《科学》三年级下册第四单元《水落"盐出"》一课时，教师可以通过联系生活激发学生大胆猜想。在开展猜想活动时，教师可以鼓励学生结合生活经验，大胆猜想蒸发水的方法有哪些？要求学生尽量说出猜想的理由。水蒸发的现象大量存在于同学们的实际生活中，同学们根据生活中的发现，能够提出以下三种猜想。猜想一：提高水的温度，把水蒸发掉，有日晒法、加热法；猜想二：加快水上方空气流动，有风吹法；猜想三：增大水的表面积，例如把地面的积水扫开，地面很快就干了，湿衣服展开很容易干等。在这个环节里不仅要引导学生敢于猜想，敢于表达，还要特别注意引导学生说出猜想的理由，以此来培养学生的科学思维习惯。

第二，制定科学的研究方案。对于小学生来说，制定探究活动计划是一项比较困难的工作。为了降低设计实验方案的难度，可以让学生根据教师提供的实验材料思考做什么实验，根据教师提供的实验记录单制定实验步骤，通过小组讨论、班级交流、教师指导来完成实验方案的制定。在执教《冬暖夏凉的房子》一课时，为了帮助学生设计探究热在同一物体内怎样传递的实验，教师提供了酒精灯、铁架台、铜条、凡士林、火柴以及实验记录单，建议学生根据材料和记录单设计实验，学生在课堂上就比较容易设计出实验的方案。

第三，进行细致的实验指导。为了保障实验顺利进行，提高探究实验的准确性、安全性，教师一定要对学生的实验进行有针对性的指导，一般可以通过制作PPT、实验演示、播放实验微视频等方式进行。一定要让学生明确实验要求，牢记实验注意事项。例如在执教《水落"盐出"》一课时，学生汇报可以用加热的方法让盐析出，因为这个实验对于三年级学生来说，完成难度比较大，存在一定的安全隐患，所以事先教师可以制作加热的微视频，学生观看后一目了然，保障了学生实验的顺利进行。

第四，开展小组合作实验探究。这是实验探究的关键阶段，要保障充足的实验时间，教师要巡回及时指导；学生要做到分工合作，注意观察，如实填写实验记录单；要鼓励学生记下实验中的新观察、新发现；实验完毕后要整理好实验器材。

四、学会真发现

新课标强调要注重培养学生收集处理信息的能力、

获取新知识的能力、分析问题和解决问题的能力以及交流与合作的能力等，发展学生的创造性、批判性思维和想象力。因此实验结束后，要特别重视组织学生进行实验总结、分析和交流。可以通过借助实物投影展示实验记录单、学生实验展示、播放实验中拍摄的照片和视频等方法，直观展示实验结果。在进行分析总结时，对于同一个研究问题进行相同的实验，要放在一起汇报，有利于观察发现；对于同一个研究问题开展的不同实验，要分别展示，要把实验结果放在一起进行对比分析，总结得出结论。实验汇报中要鼓励学生大胆质疑，引导大家结合实验进行思考答疑，培养学生的质疑能力和发现创新能力。例如在执教《冬暖夏凉的房子》一课时，学生可以这样汇报交流：现场展示用温度传感器测试三种材料温度变化的曲线图；用热传导演示器现场测试三种材料导热性的实验；用实物投影仪展示热在物体内和物体间传递的实验记录单。充分的多形式的交流汇报，使得实验结论的得出水到渠成，自然顺畅！

五、做到真运用

学习科学知识，重要的还在于运用科学知识为我们的生活造福，使我们的生活更美好。新课标要求：学生能够利用科学知识和科学方法初步理解身边的自然现象和解决某些简单的实际问题，培养对自然的好奇心，以及形成创新意识、环境保护意识、合作意识和社会责任感。为了落实这一目标要求，我们要特别重视知识的真运用，可以通过解释现象法、解决问题法、创新运用法等来实现。例如在学习《冬暖夏凉的房子》一课时，可以设计三道知识运用练习题，第一道题运用所学知识解释生活中的现象；第二道题回答建造房子运用双层玻璃、空心砖、保温层、隔热板有什么好处？第三道题设计冬暖夏凉的房子，你有什么好的建议？三道练习题紧贴生活实际，紧扣研究问题。学生在思考、汇报中，不仅巩固了所学知识，而且感受到了科学的魅力，学以致用的能力在潜移默化中得到了增强。

在"五真"课堂上，学生主动参与、积极思考、敢于提问、认真探究，他们提出问题的能力、收集处理信息的能力、合作交流的能力、学以致用的能力都有了明显提升；他们学习科学的兴趣在提高，他们的科学思维习惯在形成，他们领悟科学思想的意识在加强。科学探索无止境，探究式教学研究一直在路上。我们要按照新课标要求，积极探索，主动实践，努力为学生提供丰富的探究内容和充分的探究式学习机会，让学生在做中学，在做中掌握科学学习的方法，在思考中体验科学探究活动的乐趣，努力提高科学探究教学的效果，积极促进学生科学素养的全面提高。

参考文献：

[1] 中华人民共和国教育部. 义务教育小学科学课程标准（2017年版）. 北京：北京师范大学出版社，2017（3）.

鸟随鸾凤飞腾远，人伴贤良步步高

——省骨干培养对象北京培训学习总结

历时 15 天，内容丰富、活动多样、管理严格的省骨干培养对象北京集中培训已经结束。我为能够参加这样高规格的培训，深感荣幸；我为能够成为小学《科学》第三小组的一员参加小组合作学习，深感自豪。下面我从四个方面汇报我的学习收获。

一、专家讲座，情智飞扬

本次培训给我们授课的 11 位专家，个个学识渊博，经验丰富，令我敬仰；参与教学、案例教学、项目学习、对话名师等，让我沉浸其中，学有所悟，行有所获。一个好老师就是最好的教育，真心感谢奥鹏的用心，给我们请来如此优秀的老师。

人如课，课似人。张文亚教授和蔼、儒雅、舒畅，正如她的课《做一名幸福的教师》。在她的引导下，我找到了幸福的密码：只有心灵的淡定宁静，继而产生的身心愉悦才是幸福的真正源泉。蔡少惠老师知性、大气、漂亮，她让我知道了礼仪是尊重自我、尊敬他人的表现形式，她让我明白了作为一名教师，不仅要有内在的美，

第四篇 教育思考

更要注重仪表规范，要有卓越的形象意识，要努力塑造自己。

由经验型教师向科研型教师转变是我们这次培训的一个重要目标。桂富荣老师的《教师如何做课题研究》一课，让我明白了课题研究的重要性，让我懂得了一线教师做研究的优势：教师生活在教育实践中，教师具有深入研究反复实验的条件；让我知道了用三结合法做课题研究。姚卫东老师从定位于骨干教师，发挥骨干教师作用，引领学校校本教研方面的深入阐述，使我明确了校本教研的理念、特征和基本要素；通过案例教学，让我明白课堂课题共构、教学教研共生的道理；在他的指导下，我初步掌握了如何做校本教研活动设计。孙小平老师指导我们通过制作展示问题树的方法，让我初步学会了如何找问题链，如何根据问题的维度不同确定层级，如何追本溯源找到问题的根源。

打造智慧课堂，提升生命质量。陶礼光老师的慷慨、大气、渊博，令我们所有学员敬佩，他的一日教育模式，教室布置规划图等很是实用，他的强大的资源包让我受用不尽，感谢陶老师的大教育、大智慧、大分享！金娜老师在《以探究为主的科学学习》授课中，通过指导我们制作《指南针》一课的教学流程，让我知道如何进行探究式教学的设计。蔡益老师《创设问题情境，构建科学概念》一课，让我们从课标和育人的角度，挖掘什么是真问题，如何创设真问题情境，让我们清楚：一节课教学完成的是主要概念下的下位概念，概念不是通过告知获得，而是学生自主学习通过实践逐渐习得的。

项目式教学独具魅力。腾明申老师的项目教学法给我的印象最为深刻。在两个项目活动的参与中，我知道了在项目活动中老师的角色和作用：教师要引导学生思考，不给答案；教师只提问不回答；帮助学生建立整体思维方式；引导学生重在过程感受，不一定非要有作品。这节课让我感受到了体验式教学的魅力。

案例教学印象深刻。迟希新老师课堂上呈现的一个个案例，引发我们不断思考，叩问新课改背景下的小学教师的核心素养应该是什么？他对学员的充分尊重，他对教育的情怀溢于言表，他对德育教育的深刻思考和描述：细雨湿衣看不见，闲花落地听无声，都令我受益匪浅。

二、主动参与，合作分享

本次培训共进行了四次小组集体活动，两次学科小组合作活动。对于小组活动，我们做到了分工明确，责任到人；小组成员主动请缨，发挥各自特长和积极主动性，创造性地完成各自任务；在大家的密切合作下，每一次的任务我们都能高效精彩完成，在三次合作成果汇报中，作为代表，我的汇报每一次都得到学员们的阵阵掌声。在学科讲座小组活动中，无论是撰写《指南针》一课的教学流程，还是制作《摩天轮》模型，小组成员都展现出了积极的自主合作精神。没有活动就没有教育，学习小组的建立，活动之中的不断磨合，让我真正体验到了创建学习小组的必要性和合作学习的乐趣。

三、名校访学，开阔视野

本次活动安排到两所名校访学。两所学校特色鲜明，印象深刻。对两所学校的参观、听课，感慨良多，收获颇丰。文化是学校之魂，一所优质学校，必有自己独特的文化体系。北京朝阳师范附属小学的"悦"文化，从校园环境的创建、师生行为的彰显，到课程体系的构建、活力课堂的呈现，无不令人油然而生、无限崇敬，油然而生无限感慨：置身朝小，悦在其中，乐观豁达，积极有为。该校一校四学区六校址的集团化管理，实施五统一融合式的办学模式给我们学区化建设和管理以很好的启示。该校吴英莎老师执教的《太阳系》一课，让我见识了现代化教学手段 VR 在教学中的运用，让我领略了学生合作制作模型的重要性，让我看到了学习小组汇报时学生良好的素质。石油学院附属实验小学，实力非凡，活力课程建设独具特色。走进该校，大家被色彩靓丽、内容丰富、匠心独运的校园文化深深吸引，个个狂拍不停。通过观看该校的学科融合课和精品实践课，我看到了学生已经成为学习的主体，教师成为学生学习的组织者、引导者，教师已经打开学科壁垒，成为教学的共同体。该校王梅校长所做的《学科融合与综合实践，促学生学习品质提升》的汇报，更是给了我许多启发和思考。

四、体验科技，感受魅力

蒙蒙细雨中，我们乘车到中国科学技术馆进行社会实践活动。为了确保高质量完成任务，我提前一天，上网查资料，了解科技馆的基本情况，为参观做好了精心准备。四个小时的参观体验在紧张忙碌中度过，虽然感到很累，但是个个意犹未尽。通过参观我为我国拥有这样一座综合性的现代化科学技术馆感到自豪！为我国古代科学技术的成就倍感荣耀！为参加科学体验活动倍感兴奋！为科技的未来发展充满期待！

整个参观过程，在新奇震撼之余，我感受最大的是科技发展的迅猛，新科技正以前所未有的速度向宏观、微观领域发展，以几何级的速度进入我们的生活领域，改变着我们的生活，挑战着我们的认知。在新科技的挑战面前，我感受到了巨大的压力。说实在的，有许多知识我还在学习，有许多实验我还在尝试做，有许多问题我也在苦苦思考，在科技的迅猛发展面前，我们就像一个小学生。正如老师讲的，在今天不学习，随时就会被OUT，随时就会被生活淘汰出局。作为老师，我们更要勤于学习，敏于实践，方能成为新时代的好老师，才能实现用新科技引领未来，用新教育成就强国梦想的历史使命。对于我们来说，今天就是一个最好起点。

五、总结交流，提升品质

对于这次驱动式学习，我做到了积极参与，认真完成，反思总结，努力提升。每天的课程评价和课程反思，我都按时认真完成；对于小组合作完成的任务，我积极参与，高效完成，精彩呈现；对于最后的小组学习汇报，我和组员们认真梳理，精心总结，用心制作课件。没有最好，我只想做得更好，因为我知道：过程比结果重要，成长比经历重要。

走进杜威

——对新教育倡导的过一种幸福而完整的
教育生活的理解

2017年去高新区进行星级学校评估时,看到不少学校在醒目的位置书写着:过一种幸福而完整的教育生活。当时只是在心里想啥是幸福而完整的教育生活,后因种种原因也没有认真深究。现在全市都在推广新教育,对于新教育的这一主张必须学透悟深,准确把握。

杜威,1859年10月20日生于美国维蒙特州伯林顿市的一个村庄。祖上世代务农,到他父亲那一代才改行经营食品杂货店。对杜威成长影响最大的是母亲,母亲出身名门,受过良好教育,有教养,性情温和,举止优雅,重视对孩子的培养。杜威害羞、内向、不善言谈交际,喜欢读书,却不喜欢上课,情愿整天侍弄家园花草和整理父亲的店铺,却不肯坐在教室里听老师讲一节课。他只是反感那种生硬死板的教育方式,更喜欢自己从实实在在的生活中学习知识。于是上学成了他十分厌恶的负担,一度提出要求退学,当然屈服于母亲,杜威还是坚持在学校里待了下去,而且成绩逐步上升。后来的学习中,丰富的课程让他十分着迷。他一生极力主张"在做中学，教育就是生活"。

　　杜威教育思想的理论基础是实用主义哲学，这是现代西方一个重要的哲学流派，实用主义哲学往往被看作是行动的哲学。杜威把他的实用主义哲学称为自然主义的经验论，他强调哲学和教育是有机的一个整体，如果说教育是促进美好生活的手段，那么哲学就是研究美好生活的性质、内容及其实现所需要的条件。真正的哲学总是要形成影响人生行为的智慧，而教育正是一种智慧训练的过程。

　　杜威的教育哲学对20世纪人类教育特别是中国教育产生了深远的影响，杜威教育理论的核心是教育即生活，教育即生长。他提出教育是一种生活方式，是一种行动方式，这里的生活包括个人生活，也包括社会生活。教育是生活过程，而不是为未来生活做准备，教育成为促进美好生活的一种手段的同时，其本身也是一种美好的生活，因此，学校应该成为儿童能真正生活，获得所喜爱的生活经验，发现经验本身意义的地方。从心理学角度，杜威又提出教育即生长，由于他认为生活就是生长，因此教育即生活与教育即生长，实为同一个意思。他指出生长不仅指身体的，也包括智力和道德的生长。儿童的基本任务就是生长和成熟，儿童的生长，尽管是一种未成熟状态，但它具备可塑性和依赖性两个主要特征，因而这种未成熟状态，并不是虚无和缺乏，而是一种潜力，一种积极向前发展的动力。生活即生长，生长是一切生活的特性，生长和教育就是完全一体的。从生长的含义出发，教育就是发展，教育的过程就是一切持续不断，乃至终身的生长过程。正规学校教育最大的意义，就在于能使受教育者获得更进一步的教育。杜威提出，把生长理论运用于实际的关键，在于提供适当的环境条件以及适当的刺激，使儿童的各种能力不断发展。

　　教育本身就是一种美好的生活。学校生活应该是人的一生中最生动、最灵动、最美妙的一段，让学生学会生活、体验生活、享受生活，过一种真正而幸福的生活。面向未来，重视当下，而不是牺牲当下为了未来。目前的学校教育和家庭教育更多是为未来准备，上好的幼儿园为未来上好的小学、好的中学、好的大学、找更好的工作，大家都在为未来而忙碌着、准备着。只有把教育看作是生活本身，我们才能慢下来，才能心中有学生，才能听到孩子成长拔节的声音，才能看到孩子绽放的笑脸，才能为孩子提供更加丰富的课程，让孩子在自主成长中，过一种完整的生活。

学校管理的"吉祥三宝"

认真读了朱永新先生的《致教师》一书中的一篇文章——《新教师的"吉祥三宝"》，感到朱先生提出的教师"吉祥三宝"：站在巨人肩膀上前行的专业阅读、站在自己肩膀上攀升的专业写作、站在集体肩膀上飞翔的专业发展共同体特别有价值，感到这三件宝确实是促进教师快速成长的法宝，值得每一名教师学习借鉴。借鉴朱先生提出的"教师吉祥"，反思自己的成长经历和管理工作体会，我也总结了学校管理的"吉祥三宝"。

到现在为止，我担任校长已经26年了，而且是在同一所学校，相信有这样经历的校长并不多见。在教育界流传着这样一种说法：一个校长在一所学校干八年，激情就没了，智慧也穷尽了，需要换一所新学校了。我想我是一个特例，我现在对待工作依然激情满满，我校各项工作一直都走在全区乃至全市前列。有什么秘诀吗？我想应该是我拥有学校管理的"吉祥三宝"。

第一件宝是"示范+带动"，提升领导水平。俗话说：火车跑得快，全靠车头带。教育人说：一所好学校必然有一个好校长。新教育倡导者和践行者朱永新先生说：一所学校的发展不可能超越校长的期待目标。苏霍姆林斯基说：校长对一所学校的领导，首先是教育思想的领导。我觉得校长应该成为一所学校的灵魂。作为一名校长，应该高度认识自己职业的神圣和责任的重大，在工作中主动担当，积极作为。我经常喜欢说一句话："这件事我先来做，你们跟上。"于是学校领导团队有了"一级干给一级看，一级带着一级干"的工作作风。虽然我已经五十多岁了，体力精力都不如从前，但我依然严于律己，奋发进取，处处示范带头。例如连续四年的"一师一优课　一课一名师"活动，我坚持带头参加。每次我都能做到反复打磨，不断修改，精益求精。在我的示范带动下，我校教师获奖课的节数连年攀升，从2015年的3节部优，到2016年的7节、2017年的10节，再到2018年的13节部优，获奖等级和节数年年名列全市第一。我执教的课也连续四年荣获部优，成为洛阳市教育界的一个奇迹。2018年全市"一师一优课　一课一名师"表彰大会在我校隆重召开，作为单位和个人双料先进，我在大会上做了发言交流，得到了与会者的广泛赞誉。

　　第二件宝是"底线＋榜样"，促进教师成长。习近平主席说："百年大计，教育为本。"教师是立教之本、兴教之源，号召我们要积极争当"四有"教师。我们知道：教书育人，关键在教师；学校发展，教师第一。创办家长满意学校，为孩子们提供优质教育，促进全体学生全面发展快乐成长，需要建设一支师德高尚、专业过硬、结构合理的卓越教师团队。通过实行"底线＋榜样"的方法可以有效促进教师的专业成长。所谓"底线"就是最基本的要求。例如在劳动纪律方面做到按时上下班；在师德方面做到"十不"；在教学方面做到不让一个孩子掉队等，这是对全体教师提出的最低要求，而这种要求是大家都必须做到的，也是大家都能够轻松做到的，以此让大家有一种轻松感，有一种做不好都无法交代、说不过去的心理感受。这种管理的秘诀在于，总是表扬涌现出来的优秀者即榜样，用榜样激励新的榜样，用榜样的精彩引来更多的精彩，以此促进教师队伍的良性发展和专业提升。例如，在考勤方面，我们规定老师7∶50到校，那么对于7∶40前到校的老师，我们会经常表扬和以一定的物质激励，所以我们学校的老师绝大部分会提前20分钟到校；在教学方面，每学期我们都会开展许多教学活动，教师自愿参加，每次我们都会认真评比，大张旗鼓地表扬获奖教师。榜样就是引领，身边的榜样更是力量无穷，所以我们学校的教师个个爱校如家，爱生如子，虚心学习，积极进取。每年我校教师执教的优质课获得市级以上奖励的节数总是最多，在期末的全区教学质量抽测中，我校总成绩均名列前茅。

第三件宝是"规范＋特色"，培育学校品牌。规范办学是对校长的基本要求，发挥优势办出特色是校长应该完成的答卷。多年来，我校坚持落实"健康第一，发展情智，快乐成长，自由飞翔"的育人理念，努力提升学生的健康、文明、智慧、尚美、国际五大核心素养，走出了一条规范办学和特色兴校之路。为了培养"国际文化视野，自信自强精神，勤学敏行能力，向善向美品格"的雏鹰少年，我们建构了较为完备的"英鹰成长课程"体系。我们通过实施情智教育，努力实现每一个英鹰快乐飞翔的教育理想。在长期的发展中，我们形成了科技、英语、足球三大特色品牌，实现了特色育人，凸显了品牌效应。在长期的精神积淀中，我们形成了独树一帜的英鹰文化体系，建成了美丽温馨的英鹰生态校园。2017年12月洛阳市素质教育现场会在我校成功召开，市教育局韩经权副局长盛赞我校是："一草一木皆有情，一角一隅皆课程。"2018年市政府陈淑欣副市长到我校调研，对我校的校园文化和师生过硬的素质给予了高度评价。

"示范+带动""底线+榜样""规范+特色"这三件宝，是我治校的法宝，也是我多年教育生涯的经验积累。希望今天的交流，能带给大家一些启发与思考，让我们彼此学习，共同成长！

聆听窗外声音，中英互动交流

——和英国师生代表团交流感悟

2019年4月10日，来自英国伦敦Richard Alibon Primary School的校长、老师和10名学生到我校进行访问交流。有朋自远方来，不亦乐乎！作为东道主，我校师生热烈欢迎远方客人的到来。

首先双方领导、师生见面，互致问候。然后，由我校吕燕萍老师带着客人参观我校十景五廊校园文化。一路观看中，客人仔细观察，认真倾听，不时发出赞叹："Butiful school! Butiful school!"当看到西侧教学楼栏杆上悬挂的标语"Good Habit Tight Way Better self"时，英方校长连竖大拇指。

参观科技长廊时，英国学生非常兴奋。他们在哈哈镜前流连忘返，大胆动手操作实验器材，特别是一个女孩在无皮鼓前大方的弹奏，给大家留下了深刻印象。

接下来是英方校长和教师两人合作在报告厅给五年级学生上英语课，有两个主要教学环节。第一个是语调练习，问句用升调，叙述句用平调，命令句用降调。教师示范后，学生同桌两人练习，进行汇报。第二个环节合作制作Chatterbox，然后两人玩，选择数字和对应问题，然后交流。这节课给我印象最深的有两点：一是英国教师很强的组织教学能力，她特别自信从容放得开，百余人的课堂在她的强烈感染和有效组织下，课堂气氛轻松，学生积极活跃；二是她对学生的关注和智慧鼓励。课堂上一位学生因胆怯不敢大声发言，不敢抬头看教师，她就积极鼓励，直到学生敢抬头看老师和大声说话为止；还有一位英国学生上台交流声音太小，她就笑着推这位学生到门口，然后又把他拉回来送到座位上，她的举动引发了老师、孩子们的笑声，也让大家明白老师可以用这样的方式表达对学生的期待。

观看足球大课间时，千余人动感十足玩足球的场景，把英国师生震呆了，英方校长饶有兴致地问我："你们学校是怎么训练的？太了不起了。"英国学生在大家鼓励下也纷纷上场踢开了足球，他们的好学、自信，给现场师生留下了深刻印象。

接下来是我校的刘珈辰老师给两国孩子上阅读课。这节课给我印象最深的是：在听讲阶段，我们的学生发言积极，声音洪亮，模仿的很像；英国学生大多无精打采，用手托着头，好像在休息。在交流阶段，英国学生像苏醒的小鸟，说得很多，参与交流很积极。

接下来师生分开活动。足球场上，两国孩子组队比赛，虽然英国孩子只有两个，一个主动担任守门员，一个担任前锋，他们都很尽责，水平也比较高，当然我们的学生在主场，踢得更加激动人心。科技创客室里，两国孩子一起用 3D 笔制作眼镜，我们的学生很友善，积极充当小老师的角色；英国学生很认真，动手能力很强，一节课下来，都制作了一个漂亮眼镜。英国老师看到自己的学生制作的眼镜时，大声欢呼，把眼镜戴在自己脸上，开心地和孩子们合影留念。在小会议室里，老师们进行教研交流，英方老师很健谈，大家交流的主题是如何在课堂上关注不同层次的学生。英方老师的观点是给不同学生的不同学习内容，教学是一个漫长的过程，如果关注不到或者学生跟不上，就慢慢来，对于学不会的学生，他们课后会免费给学生辅导。Richard Alibon Primary School 是一所临近伦敦的公立学校，有六百多名学生，在英国属于 Big School，每一名教师要教很多门课，在英国当老师是挺不容易的。

最后在友好的气氛中，两所学校校长签下了缔结友好学校协议，并互换了礼物。看着学生一张张兴奋的笑脸，我感到今天老师们所有的付出都是值得的，愿两校友谊长存！

孩子的"今天"最重要

　　每一个孩子都是宝贵的，都是独一无二的；每一个家长都怀揣望子成龙、望女成凤的梦想；每一个老师都希望自己的学生学有所成，健康成长。为此我们都寄希望于孩子太多，都想让孩子掌握更多的知识和能力，使得孩子压力太大，负担过重。现在许多孩子缺乏学习兴趣，缺乏生活乐趣。如何改变这一现状呢？我从新教育的状态论"重视精神状态，倡导成功体验"中找到了答案，就是要牢固树立孩子的"今天"最重要的思想。

　　新教育实验的心理学基础是状态论、潜力论和个性论。它倡导在行动的过程中，要特别重视精神状态，要努力获得成功体验。朱永新教授说：死人与活人的差别在于一口气，活人和活人的差别在于状态，有良好精神状态的人就会"不用扬鞭自奋蹄"，就会自强不息，就会坚持不懈。我特别赞同朱永新教授的观点。是的，一个人的精神状态，也就是他的精气神最重要。如果一个人的精神状态是积极向上的，他就会视压力为动力，视困难为挑战，他就会努力为成功找方法，他就会在解决一个又一个的问题中，在战胜一个又一个的困难中，不断获得成功的体验，不断感受奋斗的快乐。习近平主席倡导的"幸福都是奋斗出来的"说的就是这个道理。因此我们在教育教学中要格外重视学生精神状态的培育，让我们的学生热爱学校，热爱学习，乐于思考，勤于实践，成为一个积极向上的阳光少年。学生的精神状态好了，精气神有了，我们的教育就成功了一大半。那如何培养孩子积极向上的精神状态呢？

首先要牢固树立"孩子的今天最重要"的思想。一位诗人说过这样的话：世界上许多事情都可以等待，唯有孩子们的事情不能等待，因为孩子的名字叫"今天"，如果孩子的"今天"是失魂落魄，是萎靡不振，是痛苦难熬，是得过且过，那还有什么启碇的索，还有什么鼓风的帆，还有什么定向的舵？还有什么健康，还有什么快乐，还有什么自信，还有什么向上可言？还有什么理想，还有什么未来？是的，有许多事情可以等待，唯有孩子的"今天"不能等待。作为老师要深刻认识到孩子今天精神状态培育的重要性，以立德树人的思想，以时不我待的作风，以良好的精神状态，影响学生，引领学生。在教学中以学科教学内容为载体，以活动实践为平台，以家校合作共育为渠道，积极培育学生的精神状态，增强学生的成功体验。

其次要努力培养学生积极的态度。苏霍姆林斯基在他的博士论文《全面发展的人的培养问题》中有这么一段话："培养全面发展的人的技巧和艺术就在于：教师要善于在每个学生面前，甚至是最平庸的、在智力发展上最有困难的学生面前，向他打开他的精神发展的领域，使他能在这个领域里达到顶点,显示自己,宣告大写的'我'的存在,从人的自尊感的源泉中汲取力量,感到自己并不低人一等,而是一个精神丰富的人。"所以,培养一个人积极的态度非常重要。我们要努力让学生在教育中获得成功的体验,而后在成功的体验中确立新的目标,求得更大的进步。我们要培养学生能够不断地感受成功,不断地体验成功,从而能够不断地相信自我,不断地挑战自我。不能让学生的"成功"再停留在"一考定终身"这样一个层面上,要倡导教育的"新成功主义"思想,让学生从成功中得到激励。

  还要发挥好教师的示范引领作用。有什么样的老师就会培养出什么样的学生,特别是在小学,教师的行为对学生潜移默化影响最大。要重视培养学生的精神状态,首先要从教师做起。我自认为自己是一个积极向上的人,所以无论做什么事情,我都格外认真,积极面对,力求把每件事都做到极致,这样的做事态度,让我拥有了比较充实的丰满的人生旅程。我们学校老师的精神状态都特别好,不管什么人进入我们学校,都会交口称赞:"你们学校老师的精气神真好,难怪你们学校样样都走在前列。"我们要发挥好这种优势教育资源,在新教育的引领下、感召下,在晨诵、午读、暮省的儿童生活课程里,活出精彩的每一天。